Diether de la Motte

Musik ist im Spiel

Geschichten
Spiele
Zaubereien
Improvisationen

Bärenreiter · Kassel · Basel

2. Auflage 1990

Umschlaggestaltung: Jörg Richter, Emstal-Sand
Noten- und Textsatz: prima nota Notengraphik und Verlagsservice GmbH, Twistetal
Druck und buchbinderische Verarbeitung: Gerstenberg Druck, Hildesheim
Printed in Germany
ISBN 3-7618-0961-1

Vorwort

Fünf, zehn oder zwanzig Kinder, Jugendliche, erwachsene oder alte Menschen sind für ein paar Stunden, für eine Woche oder jeden Dienstagabend beisammen und wollen zusammen etwas spielen, erleben, selber vorführen, herstellen und aufführen, was mit Musik zu tun hat. Es soll lustig und nicht sehr anstrengend sein, oder es soll sie in eine Märchenwelt führen, in der man träumen kann, oder es soll ein spannendes Abenteuer werden, oder sie alle wollen sich mit aller Hingabe hineingeben, sich darin ausdrücken, aussprechen, auch zum anderen sprechen.

Mehr war nicht vorgegeben, also konnte man nur finden und nicht suchen. Und wie für den Schreiber dieses Buches Grenzpfähle nicht existieren (wo ist die Grenze zwischen fröhlich und ernsthaft, zwischen Spielen und Arbeiten, zwischen Leben und Kunst), wird auch der Benutzer des Buches gebeten, nicht zu eilfertig einzuordnen. Alles ist tot, wenn es bei "lustig" nicht so genau draufankommt, wenn bei "ernst" und "Kunst" das Spielen ausgeschlossen wird.

An die Gruppe wendet sich dieses Buch. Aber - und das ergab sich erst, als es fertig war - man kann es auch lesen und die eigene Phantasie dabei sprudeln lassen.

Der klugen Redaktionsarbeit von Rainer Lorenz ist die Beseitigung grauenvoller sprachlicher Stolpersteine zu danken. Die für mich unglaublich spannenden, intensiv erfüllten Wochen der Arbeit an diesem Buch aber verdanke ich Reinhard Ermen vom Bärenreiter-Verlag: Mit einer mir bis heute unbekannten (kolumbianischen?) Zauberdroge hat er mir sein "Du willst dieses Buch machen" eingeimpft.

Diether de la Motte

Musik-Geschichten

Das schönste Spiel

In einem sehr kleinen Land weit hinter den Bergen regierte vor langer Zeit ein sehr netter  . Er hatte nicht sehr viel Arbeit, denn er mußte nicht viele Leute regieren, nur 25. Aber es gab Familie Bauer und Familie Bäcker und Familie Tuchweber und Familie Doktor für das Zahnweh, einen Soldaten und noch ein paar Leute mehr. Und die Person, die unser 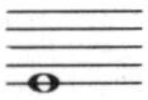 am meisten liebte, war die wunderschöne  . Sie war sein einziges Kind, es gab keine Geschwister, und die Königin war schon vor vielen Jahren weggelaufen, es war ihr zu langweilig in dem kleinen Land geworden. Da sagte eines Tages der  zu seiner  : Meine liebe , es wird allmählich Zeit, daß du Hochzeit feierst, aber dazu brauchen wir natürlich einen  als Bräutigam. Hinter den Bergen gibt es ein anderes Königreich, und da... Ich habe keine Lust, sagte  und ging wieder spielen mit ihren Freundinnen. Jedes Jahr einmal fragte der  seine  erneut, ob sie nicht Hochzeit halten wolle, aber immer hatte sie keine Lust und ging wieder spielen. Aber nach drei Jahren war es dem  zu bunt, und er ging tief in den Wald hinein, wo in einem Tal die gute  wohnte. Sie stickte gerade Regentropfen in die Wolken. Wie gut, sagte der 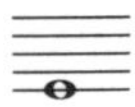 , es hat so lange nicht geregnet, und mein Bauer braucht Regen. Und er sagte: Guten Tag, liebe

. Guten Tag, lieber 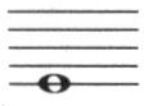, sagte die , wie geht es deiner ? Ach, liebe , antwortete der , sie spielt und spielt und wird noch ihr Leben verspielen. Sie will nicht an Heirat denken. Hilf mir, was soll ich machen. Ich weiß, wie das zu machen ist, sagte die . Hinter den Bergen wächst im nächsten Königreich ein netter  heran. Den wird sie schon wollen, aber wir brauchen eine List, wir müssen ihn als Spielzeug zurechtmachen, dann fliegt sie auf ihn, und wenn die  den  erst einmal gesehen hat - nun, dann hat sie ihn, und er hat sie. Laß mich nur machen, aber verrate  nicht, was wir vorhaben, sagte . Ich bin dir sehr dankbar, sagte der 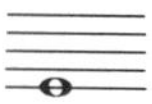 und verabschiedete sich. Leb wohl, . Leb wohl, . Schnell hängte die  die Regenwolke, die sie inzwischen fertig bestickt hatte, am Himmel auf und schickte den Wind in die nötige Richtung. Dann lief sie über die Berge zu  und sagte zu ihm: Guten Tag, . Hallo , sagte . Schön, daß du 'mal vorbeikommst, ich habe Langeweile. Für Kinderspiele bin ich zu alt, Arbeit habe ich keine, und für Erwachsenenspiele habe ich zu wenig Phantasie. O, sagte die , da kann ich dir helfen. Mir ist nämlich gerade ein wunderschönes Spiel eingefallen, ein Erwachsenenspiel. Laß hören, sagte . Und

: Das Heiratsspiel. Ich möchte aber nicht..., rief . Ein Spiel, beruhigte  ihn. Natürlich muß da noch jemand mitspielen, aber ich weiß schon jemanden, komm mit.  und  wanderten also zum Königreich von , und  erzählte  unterwegs, wie wunderbar  spielen könnte. Und da wanderten sie schon über den letzten Berg, und sie hörten schon , die auf der Wiese fröhlich mit ihren Freundinnen spielte. O, wir bekommen Besuch, sagte , der gerade aus dem Fenster schaute. Guten Tag, sagte , das ist , der mit  spielen wird. Spielen? sagte  und kam schon hergelaufen. Ein neues Spiel, sagte , ich habe es mir ausgedacht. Wie geht es, riefen  und  gemeinsam. Es heißt Heiratsspiel. Zwei Spieler stehen sich gegenüber und umarmen sich. Dann müssen sie sich küssen. Komisches Spiel, sagten  und  gemeinsam, aber Spielen ist schön. Also fangen wir an. Ja, fangt an, stimmten  und  ein. Also umarmen, sagte . Und küssen, sagte . Und sie umarmten und küßten sich,  und . Und  und  klatschten Beifall.  aber und  spielten weiter, die Spielregeln wußten sie auf einmal selbst. Und alle waren sehr glücklich,  und

 ,  und  . Und heute, sieben Jahre später, gibt es schon fünf Enkelkinder. Sie sind alle sehr lieb und heißen  ,  ,  ,  und  .

Derartige Musikgeschichten zu erzählen, fordert Konzentration und einige Übung. Das schnelle Umschalten zwischen Sprechen und Singen ist nicht leicht: Natürlich springt das Sprechen stets sogleich an, der erste Sington aber kann wackeln ohne Vorbereitung. Und konzentrieren muß man sich auf Beibehaltung der Tonhöhen. Ein Ton oder Motiv ist eine Person und darf nicht später eine Terz höher klingen, es wäre ja jemand anderes. Jeder muß sich auf den eigenen Stimmumfang einrichten. König und Prinzessin geben im "schönsten Spiel" den geforderten Stimmumfang an. Also wähle ich in einer stillen Ecke, von den Zuhörern unbemerkt, einen für mich günstigen Dezimenraum, der dann gespeichert bleiben muß. (Niemand soll durch mein Töne-Antippen bemerken, daß gleich gesungen wird; diese Überraschung muß perfekt sein.) Man wird ja bemerken, daß die Erzählung die Namen etwas häufiger bringt, als es erforderlich wäre. Dadurch entstehen keine größeren Singpausen, und man vergißt die Tonlagen nicht. Freigestellt sei, ob man alles auf demselben Vokal singen will oder differenzieren möchte. In dem Falle könnte die Prinzessin ein zierliches ü, der Prinz a, die Fee ein geheimnisvolles n (mit offenem Mund gesummt) und der König ein würdevolles o erhalten. Die fünf Enkelkinder am Schluß ganz ruhig aussingen, der Zuhörer soll ja bemerken, wem die lieben Kleinen ähnlich sehen.

Die folgende Geschichte von Barbara geht einen Schritt weiter. Die Motive bezeichnen hier nicht Personen, sondern Stimmungen, deren Umkreis absichtlich offengehalten wurde. Das erste z. B. meint "schlapp, schlecht gelaunt, ich mag Sie nicht, Seufzer, wichtig tun...". Auch gibt es Motivbeziehungen wie "ich mag Sie zwar nicht, sollte aber doch freundlich tun". Das Singen geht hier eine viel engere Verbindung mit dem Text ein, es bleibt nicht nur bei tönenden Namen.

Barbara

Ich fühle mich heute so , sagt Barbara. Darauf Kurt: Wie kann man sich bei dem Wetter anders fühlen als  Komm, wir gehen einen Kaffee trinken, vielleicht macht uns das etwas... Bin schon ganz , fällt Barbara ihm ins Wort. Also gehen sie los, eine  Melodie vor sich hin pfeifend, all ihr  verschwand im vorausgeschnupperten Kaffeeduft. Das ist doch nicht möglich, alle Tische besetzt, und am einzigen Tisch, wo noch Plätze frei sind, sitzt ausgerechnet... Die ganze  ist dahin, denn zu gehen ist unmöglich, sie müssen sich zu ihm setzen und ihr  möglichst verstecken. Wie schön, Sie zu treffen, sagt Barbara, ich bin ganz , und Kurt stimmt ein mit . Tja, ich bin dabei, meine Koffer zu packen, meine Tage hier sind gezählt. O wie schade, Sie wollen uns  verlassen, sagen beide gleichzeitig, und . Nett von euch, sagt er. Aber so ist das nun mal. O, ich sitze schon viel zu lange hier, seid mir nicht böse - steht auf und geht davon.  juchzt Kurt, und Barbara spielt große Oper: . Kichernd trinken sie ihren Kaffee, und dann sagt Kurt: Was bist du auf einmal so , und schaut auch in Richtung ihres Blickes, und da steht

Werner. Jetzt kommt er auf sie zu. Guten Tag, Werner, sagt Barbara, sehr , und Tag Werner, sagt Kurt, und im Unterton hört man sein . Ja ich weiß nicht, ob ich euch... . Hier ist doch 

sagt Barbara. Und Kurt beeilt sich: Ja, setz dich doch 

Ja, wenn ihr 

sagt Werner, 

anschauend, und setzt sich zu den beiden. - Nun, wie weit bist du, fragt ihn Kurt nach einer ziemlich langen 

ich komme ziemlich 

sagt Werner, ich bin jetzt auf Seite 27... Aber 30 

hattest du doch schon, als... Werner unterbricht Kurts leicht spöttisch klingende Frage mit der boshaften Gegenfrage: 

konntest du inzwischen deine 

...ich glaube, sie packten dich auf Sei- 

beginnt Kurt, und... Könnt ihr denn niemals an etwas anderes... Aber beide Männer fallen Barbara ins Wort: Wie weit bist du denn mit deiner... Und Barbara: Hab sie abgegeben, 

Große Pause. Dann Kurt: Dein Thema war vielleicht auch 

Die Pro- 

die meine Arbeit stellt, fällt Werner ein, liegen ja viel tiefer. Da muß man schon... So geht es hin und her zwischen den erregten 

und plötzlich werden sie ganz

still und sagen gleichzeitig: Aber wo ist denn Barbara?

Abwechselnd singen und sprechen, wo gibt es denn das? Reizvoll ist es deshalb, Musik-Geschichten in eine Traum- oder Zauber- oder Märchenwelt zu versetzen. Unsere zweite Geschichte war nun zwar reale Studentenwelt, aber den fanatisch-rechthaberischen Eifer der beiden Jünglinge wollen wir doch als (hoffentlich) Übertreibung ansehen...

Jetzt kommt die Geschichte vom Dicken, und es soll mich keiner fragen, wer denn der Dicke ist, Kriech- oder Schwimm- oder Fabeltier. Gefräßig jedenfalls ist er, und einen rundlichen Baß stelle ich mir als idealen Erzähler vor.

Der Dicke

Wenn der dicke 

morgens herausklettert und eine Stunde lang gähnt, fliegen zwanzig 

in sein riesiges Maul und picken sich satt an allem, was da noch vom Abendessen zwischen den Zähnen steckt. Danach ist ihr Verdauungsruheplatz ja leicht zu erraten 

, bis er sie abschüttelt und ins Wasser patscht. Nichts wie weg flitzen alle 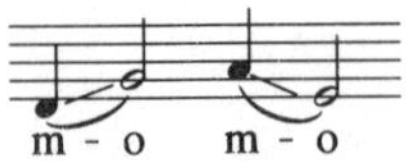

, bevor die große Welle sie ans Ufer schwappt. Nur der stolze 

ist selbst so dick und schwer, daß ihm das Wasserpatschen von 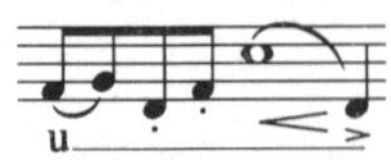

nichts ausmacht. Auch muß er keine Angst vor ihm haben, mit ihm würde 

nicht so leicht fertig. Der aber kann gar nicht genug kriegen, und sein 

pitschpatscht hohe Wellen. Das macht natürlich Hunger. Also still stehen

Müde! 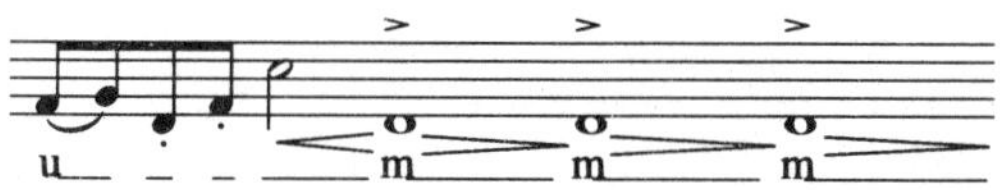

Endlich haben sie wieder Ruhe da unten und da oben die 

, aber der fette, satte 

, auch satt immer noch gefräßig, träumt einen herrlichen Traum:

Schlaf schön, dicker fetter 

Und jetzt hört das Vergnügen auf, und die Arbeit beginnt. Phantasiebegabte Leute aber sagen: Jetzt beginnt endlich das Vergnügen. Es folgen nämlich Geschichtenanfänge zum Weiterspinnen. Wenn eine Gruppe ein paar Tage beisammen ist oder wenn eine Gruppe sich in Kürze wieder trifft, kann einer einen solchen Anfang vorführen, und alle müssen bis zum nächsten Treffen (oder noch am selben Abend zum morgendlichen Wettstreit) die Geschichte zu Ende bringen und vorführen. Natürlich müssen sich dazu alle die am Anfang eingeführten Motive und ihre Bedeutungen notieren. (Kopiert wird nicht, herzliche Bitte!) Das Preisgericht (immer alle bis auf den jeweils Vortragenden) soll dann zwei getrennte Preise vergeben: einen für die schönste Geschichte und einen für den besten Vortrag. Zu letzterem gehört natürlich außer der Erzählerkunst auch das Handwerkliche, das gute Umschalten vom Sprechen zum Singen und das Beibehalten der gewählten Tonhöhen.

Geschichtenanfänge

Blinzling

Du bist noch viel zu jung, sagten die großen alten 

zum kleinen 

, bleib du zuhause, du kannst noch nicht mit auf die Reise um die Welt. Und all sein Betteln half 

nichts, sie nahmen ihn nicht mit. Blinzling hatten sie ihn genannt, beleidigend sowas. Neun Uhr am Abend war es schon, höchste Zeit für sie, klarer Himmel, und die Menschen wunderten sich schon. Da, endlich.

Wachsen dauert lange, schmollte 

und sagte zu sich: 

Ich kann schon selbst auf mich aufpassen: Auf geht's, Lampe extra klein gestellt, damit ihr mich nicht seht, und auf an den Himmel mit Schwung. O weh, beinahe draufgeknallt. Mach doch dein Licht auch rechts an, schimpfte 

. Anfänger, sagte der 

. Warum bist du denn... Volles Licht gibt's erst nächste Woche, jetzt ist 

dran, zunehmend. Aber dann ab nächste Woche bist du immer... Falsch, kleiner 

in zwei Wochen bin ich 

. Du mußt noch viel lernen, glaub dem alten 

.

Hab's ja jetzt gelernt, meinte frech unser 

und flog weiter. So viele kleine Lichter da unten auf der 

, niedlich. Wollen doch mal sehen. Abwärts gesegelt und, wupps, ins offene Fenster hinein. 

saß gerade bei den Schularbeiten. Tag, sagte 

. Falsch, entgegnete 

, Abend ist es, und da sagt man guten Abend. Dein Name? 

heiße ich. Kleines Licht, spottete 

, und 

stellte sein Licht schnell größer.

Na also, sagte 

. Dann hilf mir mal bei den Schularbeiten.

Was, ich... Wir nehmen doch gerade die Sterne durch. Also sag, wie ist das:...

Auf in den Wald

Na gut, wenn du so bettelst. Zwar wollte ich eigentlich allein los - also komm, sagte 

und nahm 

an die Leine und los gings. 

zerrte in den Wald, aber da wollte 

ja auch hin, den ganzen Schreibtischkram einmal vergessen. Gesetze, Paragraphen, Kommentare... Zerr nicht so, sagte 

, aber 

zerrte und dachte an nichts als an 

mit ihren langen Ohren, wo er sie packen wollte. Und zerr und bell und zerr und bell 

, und er bestimmte den Weg, und gedankenverloren trottete 

hinterdrein. 

aber zerrte nach links in das Gebiet, das niemand betreten darf, und sein Herr 

- aber nicht lange mehr hinterdrein. Auf einmal witterte er die 

und lief schneller. Diebstahl von Hasen ist nach Paragraph 13..., oder war es 17... Was sagte ich: Paragraph - was ist das? Gesetze sind in Paragraphen eingeteilt, bellte 

ihn an und schimpfte: Zerr doch nicht so, du wilder 

. Der aber bellte nichts als 

, und damit er schneller laufen und kräftiger zerren konnte, versuchte er es auf allen vieren 

jedoch streckte sich, lief auf den Hinterpfoten, um die Hände frei zu haben. Wo habe ich nur meine Zigaretten...?

Zu klein zu groß

Daß andere größer waren als er - nun, daran hatte 

sich gewöhnt. Aber daß nun auch der neue Chef, den er nicht mochte, ihn von oben... Nein. 

ging zu dem neuen Arzt, von dem alle sprachen. 

hatte ihm zwar abgeraten. Ihr wären die zehn Zentimeter egal, die sie größer wäre, wenn ihre Liebe nur... Aber da schluckte er schon Pillen und Tropfen und Pillen und Tropfen und schluckte und schluckte und hatte seinen großen Triumph, 

Und daheim - als ob sie sich nie zuvor geliebt hätten 

. Was bedeuteten dagegen die kleinen Erschwernisse des Alltags, 

Geh sofort zum Arzt, sagte 

, aber er: Was sagst du, 

aber so laut konnte sie gar nicht hinaufschreien. Von da an verständigten sie sich...

Kikeriki

Er liebte 

und sie ihn, aber als er 

kennenlernte, war er wie von Sinnen. Aber 

Und umgekehrt genauso. Wäre ihm jetzt nur nicht 

begegnet!

Aber was sollte er machen,

So träumte er, und so taumelte er, und so träumeltaumelte er.

Sie trafen sich zu dritt, und nur kurz ereiferten sie sich, dann redeten sie vernünftig, und sehr bald darauf kicherten sie, 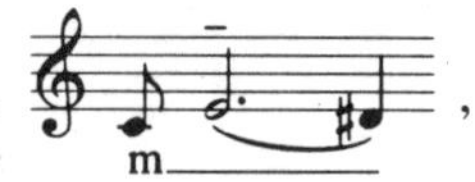

, 

und 

. Und das hatten sie sich für ihren stolzen Hahn ausgedacht:...

Musik-
spiele

Liederverstecken

Jeder sucht sich in seinem Gedächtnis ein Lied. Den Anfang muß er auf einen Zettel schreiben, denn er darf seine Wahl während des Spiels nicht mehr verändern. Name auf den Zettel, und die Zettel werden eingesammelt und versteckt, natürlich darf keiner sie lesen. Nun läßt jeder sein Lied aus dem Versteck heraus, beginnend mit zwei Tönen, die er auf Text singt. Das muß aber nicht der Liedanfang sein, das Versteck wäre zu schlecht. Also eine unauffällige Stelle, also mit unauffälligen Tonfolgen und Worten. Die anderen müssen versuchen, das betreffende Lied weiterzusingen. Wer das falsch macht, muß dafür zahlen. Vielleicht bekommt jeder zu Beginn fünf Kugeln, und jeder Fehler kostet eine...
Hat einer seine zwei Töne gesungen und keiner hat´s geraten, singt der Nachbar seine zwei Töne, und so im Kreis herum. Ziemlich sicher, daß noch kein Lied geraten werden konnte. Jetzt ist der erste wieder dran, singt dieselbe Stelle, aber nun einen Ton weiter. Wieder geht´s im Kreis herum. Dann singt jeder vier Töne seines Liedes, und jetzt werden sicher schon viele Lieder aus ihren Verstecken herausgezogen. Wer sofort richtig weitersingen kann, ein Lied also aus seinem Versteck herauszieht, bekommt entsprechende Belohnung aus der Kasse, die natürlich bei zwei Tönen ganz groß ist, bei drei Tönen etwas kleiner, bei vier Tönen wieder kleiner. Man muß noch bestimmen, wieviel Belohnung zweie kriegen, die die Lösung gleichzeitig singen können.
Hier als Beispiel zwei Liedverstecke, das erste ist ziemlich schlecht gewählt, das zweite sehr raffiniert.

(Der Text verrät dieses Lied sofort!)

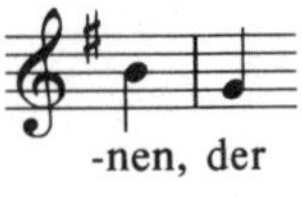

Das ist doppelt raffiniert: Es fängt mitten in einem Wort an, und es ist die *dritte* Strophe von "Auf du junger Wandersmann"!
Vielleicht singt ein Teufel die zwei letzten Silben eines Liedes und dann als Ton drei den Anfang der zweiten Strophe. Das gibt ein böses Versteck.
Aber zu diesem Spiel muß man natürlich viele Lieder kennen und möglichst auch viele Strophen wissen!

Man sollte nicht nur die Rater belohnen, auch die Verstecker sollten belohnt werden, das heißt die, die ihr Lied am besten versteckt haben.
Ist das Spiel zu Ende und längere Zeit vergangen, vielleicht mit anderen Spielen, kann man noch etwas machen: Wer weiß noch alle Lieder, die gesungen wurden? Wieder im Kreis setzen wie vorhin, und jetzt müssen alle alle Liedanfänge aufschreiben, beginnend mit Fritz (also einem der Runde). Nur die ersten Worte. Jetzt müssen wieder alle bezahlen für vergessene Lieder.

Ton für Ton

Eine Gruppe macht gemeinsam eine Melodie. Aber jeder darf nur einen Ton beisteuern bis er - im Kreis geht's herum - wieder dran ist. Das geht so: Der erste singt einen Ton, denkt sich dabei ein Tempo und dirigiert am besten Viertelschläge in die Luft, einen, zwei oder gar drei. Der nächste singt den Ton nach, präzise in Tonhöhe und Dauer, und fügt einen zweiten Ton hinzu. Der dritte singt die zwei Töne nach und ergänzt den dritten Ton. Sind wir acht Leute und bin ich an zweiter Stelle, dann darf ich also die Töne 2, 9 und 17 komponieren, falls die Melodie überhaupt so lang wird. Jeder darf nämlich, wenn es ihm das beste scheint, das bisherige nachsingen und als eigenen Beitrag das Wort "Schluß" hinzufügen. Vielleicht sind die anderen erlöst, vielleicht aber auch überrascht. Es gibt ja merkwürdige Schlüsse, Lieder die fragend enden, in der Luft stehen bleiben. Vielleicht sind die anderen aber auch enttäuscht, hätten die Melodie gern weitergeführt - es hilft nichts, jeder, der dran ist, entscheidet allein. (Zu den besten Melodien, die eine Runde zustandebringt, kann man ja bis morgen früh noch Texte erfinden.)
Der zweite, dritte und vierte haben die wichtigste Aufgabe, sie legen ja überhaupt erst einmal die Tonart fest. Der erste Ton ist nichts als tief, mittel oder hoch, er läßt noch alles offen. War es ein langer hoher Ton, wird der zweite wohl denken: Du bist die 8 der Melodie, setze ich eine kürzere 5 hinzu. Damit denkt er sich den weiteren Verlauf etwa so:

Aber es bleibt doch noch alles offen. Der dritte kann die beiden ersten Töne ja auch auffassen als 5 2, eine kleine Terz zur 4 hinaufsingen und sich die Fortsetzung etwa so vorstellen:

Pausen sind ein wichtiger Bestandteil von Musik, das sollten die Komponisten nicht vergessen. Wer eine Pause komponiert, sollte dazu den Takt schlagen, um deutlich zu machen, wieviele Schläge lang er die Pause wünscht.

Nach  kann der dritte z.B. drei Pausenschläge markieren. Dann müßte der vierte einen Viertelauftakt anschließen: 

Anfänger in diesem Spiel suchen sicher stets nach “anderen Tönen”. Oft ist aber die Tonwiederholung die beste Lösung. Eine schöne alte Landsknechtmelodie ging doch so los:  Und eine herrliche frech-flotte Melodie kann werden aus neunmal demselben Ton:

Zwar legt der erste das Metrum fest (“Die Schläge gehen so”), aber der Takt bleibt noch offen, falls er nicht ganz eindeutig eine “Eins” bei seinem Taktieren festlegt. Und auch wenn er das getan hat: Aus  kann noch alles mögliche werden.

Singt der nächste g mit Taktakzent, legt er damit einen Dreiertakt fest,

singt er aber ein unbetontes g, will er offenbar viertes Viertel sein, und Sänger Nr. 5 bringt den Akzent im 4/4-Takt:

Ein Verrückter fängt das Lied an mit fünf Schlägen auf einem Ton, Schläge 1 und 5 betont er als Taktakzente. Und man kann etwas Gutes daraus machen:

Komponist Nr. 7 war sehr mutig mit seiner langen Pause, aber das macht sich gut. Man hört doch geradezu das leise Schlagzeug... Ein anderer beginnt mit kurzem leichtem Ton, und so legt er dem zweiten nahe: Mache mich zum Auftakt:

Fügen sich 2 + 2 Takte, 4 + 4 zusammen, gibt es ein normal gebautes stabiles Haus. Aber keine Angst haben vor Unregelmäßigkeiten. Da gibt es ja auch schöne überzeugende Lösungen:

Katrin ich / lieb dich so / sehr // morgen lieb / ich dich noch mehr //
< < < < < <

das wäre ein schönes 3 + 3.

Hier ein Echo, 4 + 1:

Und hier ein schönes 2 + 3:

Ganz automatisch wird die Gruppe noch einmal 2 + 3 anschließen. Aber vielleicht hat auch das Heimweh unseren letzten Sänger gepackt, vom Indischen Ozean ist es ja so weit bis nach Hamburg. So hält er sein *d* neun Schläge aus und heraus kommt

Mary, bist du mir auch noch treu? Ich dir doch auch, - das kleine Abenteuer in Bombay, das zählt doch nicht...

(In die langen Töne hinein hört man natürlich noch irgendwelche Seemannsrufe.)

Ich halte es für kaum möglich, beim Singen des neuen Tones dem Nachbarn klar zu machen "meine Note dauert ♩. oder ♪, nicht ♩ ". Also empfehle ich als Spielregel:

Jeder, der eine Achtelnote bringen will, darf die Note des Vorsängers als verlängert oder verkürzt auffassen. Das klingt in Worten viel zu kompliziert. Gemeint ist: Aus  darf ich als nächster machen  oder auch 

Da jeder die komponierte Melodie immer wieder von vorn singen muß bis zu der Stelle, wo er weitererfinden soll, hört man das Ganze sehr oft. Hundertmal will das sicher keiner hören. Also wäre es gut, wenn unsere Melodien nicht zu lang würden. Ist aber etwas Gutes entstanden, kann man es noch einmal zum Schluß als "Applausrunde" singen: Jeder steht jetzt zu "seinen" Tönen (und Pausen!) auf und singt sie natürlich mit besonderer Überzeugung, und hoffentlich erkennen es auch die anderen: Was wäre geworden ohne mein geniales *f!*

Takt für Takt

Warum nicht gleich, das ist doch viel leichter als Ton für Ton. Der erste hat es in der Hand, schon alles festzulegen oder noch offenzulassen. Bei Anfangstakten wie diesen gibt es über die Tonart ja keinen Zweifel:

Kommt aber nur eine Tonwiederholung ("Wenn ich ein Vöglein wär"), bleibt offen, ob es Dur- oder Mollgrundton, Moll- oder Durterz ist. Letzteres z.B. in "Himmel und Erde müssen vergehn". Auftakte wollen wir weglassen, es wäre zu schwierig festzulegen, wie weit dann jeder erfinden darf. Jeder singt die bisherigen Takte und fügt einen neuen an. Hauptproblem: Wie merkt man sich so schnell eine so schnell wachsende Melodie? Wenn wir sie nicht zu lang machen, wird es schon gehen.
Spannende Variante: Jeder erfindet auch den Text zu seinem Takt. Dabei haben gewöhnlich der erste und dritte größere Freiheit als ihre Nachfolger. Was soll der zweite nach "Hoch steht schon die" anderes anfügen als "Sonne" in zwei halben Noten!
Nummer drei hat wieder freie Fahrt. Aber auch ihm kann der zweite die Richtung vorgeben, z.B. durch ein angehängtes "die".
Hier einige Anschlußideen für Nr. 3:

Aber wie soll es nach Nr. 4 weitergehen? Alles unter Reimzwang? auf - Lauf, aus - Haus, Lied - müd??, Sonne - Wonne, Traum - Raum... Da müßte doch ab Poet Nr. 5 verzweifelt eine Kurve eingeschlagen werden, die dieses Reimwort ermöglicht. Das würde ein munteres Gedanken-Spinnen zu sehr gängeln. Erfinden wir unsere Lieder ohne Reimzwang. Und wenn wir mehrere singen wollen: Nicht immer beim selben Poeten beginnen. Ich möchte z.B. nicht gern immer Nr. 4 sein und nur zu Ende bringen dürfen, was Nr. 3 befohlen hat.
Kommt ein lustiges Lied zustande, mag's bei der gemeinsamen abschließenden Uraufführung auch lustig zugehen: Jeder singt nur den Takt, den er erfunden hat.

Komponistenrunde

Man kennt das Männchen-Malen, wobei einer den Kopf zeichnet, dann das Blatt umknickt und nur die Anschlußstellen zum Hals sehen läßt. Der nächste zeichnet bis zur Gürtellinie und knickt wieder um... So ähnlich machen wir jetzt in der Komponistenrunde Melodien, wobei jeder Teilstücke beisteuert ohne zu wissen, was die anderen schon komponiert haben oder noch anfügen werden.
Verschiedene Spielregeln sind möglich:

Stück für Stück
Alle fangen gleichzeitig an. Jeder komponiert eine Melodiezeile, eine Phrase, eine Atemeinheit von meist wohl 2, 3 oder 4 Takten, knickt das Blatt um und gibt es seinem linken Nachbarn. Unten auf dem Blatt, so daß alle Nachfolger es lesen können, vermerkt er Tonart und Taktart. Drei weitere Informationen gibt jeder Komponist seinem Nachbarn: Phrasenzahl / letzte Note / Taktposition.. Zum Beispiel Phrase eins, letzte Note *fis* als Halbe auf 2. Unten auf dem Blatt lese ich G-dur, drei Viertel. Hier notiere ich, was ich in dieser Situation vermuten würde im Zugeklappten und wie ich fortsetze:

Aber natürlich können ganz unterschiedliche Ideen aufeinander folgen:

Entscheiden muß die Runde, was sie als formale Regelung besser findet:
A) Jeder (nur der erste nicht) darf eine Schlußzeile setzen. Das Lied ist damit abgeschlossen und wird bis zur späteren Uraufführung beiseite gelegt.
B) Sind wir in der Runde acht Komponisten, beschließen wir, daß alle Lieder acht Phrasen haben müssen. Dann sollten die Komponisten 1 bis 7 nicht schon dauernd zur Tonika führen. (Vielleicht der vierte doch?)
C) Wir beschließen, daß jedes Lied mindestens vier Phrasen haben muß, aber auch mehr als acht bekommen kann. Vielleicht wird eines eine lange Ballade...
Gut würde mir die folgende Spielregel gefallen:
D) Der Komponist der ersten Phrase legt die Phrasenanzahl fest und vermerkt sie unten auf dem Blatt neben Tonart und Taktart. Lese ich 6, denke ich als dritter an

einen Zwischenschluß, als fünfter vielleicht an "Höhepunkt vor Abschluß", auf jeden Fall an ein Offenhalten. Eine größere formale Planung ist möglich und lenkt dieEinfälle.

Was wird mir wohl zugeschoben, wenn die Information des Nachbars lautet (unten steht F-dur, 4/4-Takt, 5 Phrasen): "Phrase 3, Viertelnote *g* auf eins"? Hier verschiedene Vermutungen, seine Phrase betreffend, mit entsprechenden Weiterführungen:

Im letzten Falle erfährt mein Nachbar aus der Schlußnote: Aha, er hat schon Schluß gemacht, komponiere ich also eine Coda. Das gibt es ja bei vielen Volksliedern ("Es waren zwei Königskinder").

Die Uraufführung wird als Rundgesang geboten: Jeder singt, was er komponiert hat und reicht das Blatt dann schnellstens weiter. Praktische Lösung, jeder erinnert sich, und die Handschrift macht keine Probleme. Was gut gefällt, wird dann natürlich noch einmal von allen gesungen, und Spitzenleistungen werden auswendig gelernt und "ins Repertoire genommen".

Drei Töpfe

Die Runde beschließt Tonart und Taktart und stellt drei Töpfe auf für Anfangszeilen, mittlere Zeilen und Schlußzeilen. Und dann komponiert jeder einzelne Phrasen und legt sie zugedeckt in die entsprechenden Töpfe. Höflich ist es natürlich bei dieser Spielweise, Start- und Endtöne in mittlerer Tonhöhe zu setzen, um dem armen Sänger wilde Sprünge zu ersparen. Und man bedenke dieses: Moduliert eine Zeile zur Stufe X und beginnt eine andere in Stufe Y, kann das keinen guten Anschluß geben. Ratschlag also: Falls du modulieren willst, mach's innerhalb deiner Phrase als Ausweichung mit Rückkehr, beispielsweise so:

Sind die Töpfe gut gefüllt, stellt sich jeder sein Traumlied selbst zusammen aus einer Start-, einer Schlußphrase und einer oder mehreren Mittelzeilen. Blind nehmen, dann erst aufdecken und lesen, staunen, freuen, Anfälle kriegen, stöhnen, verzweifeln... Dann (falls mehrere Mittelzeilen) die beste Reihenfolge wählen, dann üben. Denn jeder singt sein Lied vor!

O Weihnachtszeit o bleib mir treu und fließt das Tal entlang

Keine Angst, solchen Unsinn wollen wir ja ausschließen, wenn wir jetzt - aber wieder nach der Stück-für-Stück-Spielregel - unsere Phrasen textieren. Der Komponist und Dichter der Anfangszeile vermerkt deshalb unten auf der Seite z.B.: Abendstimmung / traurig allein / Liebesglück / Winter / Wandern / Fern der Heimat / Frieden / Traum / Scherzlied / Freundschaft / Hunger / Wien! / Matrose usw. Reizvolle Strophen können nur entstehen, wenn jede Zeilenaussage eine gewisse Geschlossenheit besitzt.

Kartenspiel

Componere heißt zusammensetzen. Machen wir es doch genauso. Erst müssen die Spielkarten hergestellt werden: Kärtchen mit je einem 4/4-Takt in F-dur im Violinschlüssel. Wir brauchen viele Werkstätten, und jede arbeitet ein bestimmtes Taktmodell in so vielen Exemplaren, wie wir in der Runde sind. Einer schreibt Takte aus zwei Halben Noten, einer aus Halber und zwei Vierteln, einer nimmt vier Viertel, einer setzt zu Taktbeginn oder Taktmitte eine punktierte Viertel mit Achtel. Der nächste ersetzt eine von vier Vierteln durch zwei Achtel, sein Nachbar bringt längere Achtelketten. Dann kommt eine Werkstatt für rhythmisch besonders pikante Takte mit Synkopen oder besonderen Anbindungen. Eine Werkstatt spezialisiert sich auf geschickten Einbau tonartfremder Töne. Nun noch die Werkstatt von Meister Faulpelz, der liefert nichts als Ganze Noten. Dann noch die Werkstatt für Verschnauftakte mit Halber Note am Ende und als letztes eine Werkstatt für Atemholen: Viertelpausen mitten im Takt.

Hier sind aus jeder Werkstatt vier Beispiele:

Der mit + markierte Takt muß außerdem für alle Mitspieler hergestellt werden, denn alle wollen doch am Ende nach Hause kommen.
Jeder erhält nun also aus jeder Werkstatt ein Exemplar außer dem Schlußtakt, im ganzen zwölf Takte. Nun versuchen alle Componisten, ihre Takte so lange hin und her zu schieben, bis eine gute Melodie entsteht oder wenigstens eine erträgliche. Hätte ich beispielsweise aus jeder Werkstatt den erstnotierten Takt erhalten, wäre die folgende Reihung mein Arbeitsresultat:

Wer spottet denn da auf den billigen Plätzen über meinen Schluß? Ich habe nun einmal zu viele *c* und *f* bekommen. Aber der Anfang, diese 2 + 3 + 3 Takte sind doch genial! - Es hilft nichts, sie grinsen noch immer über den Schlußteil. Also neu versucht. Jetzt ist das dreimalige *c f c f c f* so deutlich als Absicht herausgearbeitet, dazu im perfekten ritardando, sehr origineller Schluß:

Immer weiter drängt diese Melodie ohne Ruhepunkt unterwegs. Aber ein wenig stören mich doch noch die vielen *c*. Kann man sie nicht besser verstecken, legitimieren? Letzter Versuch, Spätwerk des großen Meisters, bitte bringen Sie die Lorbeerkränze nach nebenan.

Gut ausgewogen die 4 + 4 + 2 + 2 Takte. *c* wird erst als Tonika-Quinte, sodann als Dominanttonart, als Modulationsziel gebracht, und in den beiden abschließenden Zweitaktern wendet *c* sich abwärts. Ruck, zuck das Ganze? Bei mir nicht, ich habe inzwischen Stunden mit diesen zwölf Takten zugebracht, aber höchst anregende. Merkwürdige Erfahrung: Anfangs hätte ich ein Königreich gegeben für einen strahlenden Subdominanttakt aus *b* und *d*, später aber hörte das Schmollen auf, und die Phantasie arbeitete nur noch im Gegebenen.
In der Komponistenrunde aber richten wir eine Tauschzentrale ein. Jeder kann den Takt, der ihn am meisten stört, anbieten in der Hoffnung, daß ein anderer Unzufriedener ihm dafür das Ersehnte gibt. Aber Tausch muß blind geschehen und ohne Diskussion. Kommt man mit dem Eingetauschten immer noch nicht zurecht, darf man nochmals tauschen, falls sich wieder einer zum Tausch bereit zeigt.
Sind alle fertig, wird vorgesungen. Am besten gibt man eine begrenzte Kompositionszeit, es darf nicht jeder so lange brüten wie ich diesmal. Aber wer der beste Komponist ist, ist schwer festzustellen. Mancher hat mehr Glück mit den zugeteilten Karten als andere.
Eine spannende Spielvariante: Einer zieht aus jeder Werkstatt einen Takt plus Schlußtakt *f*, und diese zwölf Takte schreiben sich alle ab. Alle arbeiten also mit demselben Material. Wieviele Variationen gibt dasselbe Material her?
Noch ein Vorschlag: Hat eine Spielrunde ausgespielt, kann man die Kärtchen verwahren für spätere Komponistenrunden. Sind aber alle der Meinung (beispielsweise), daß im gesamten Material zu viel *c* steckt und zu wenig Subdominante oder daß zu wenige Spitzentöne vorkommen (leuchtendes *f* als Höhepunkt), so sollte man aus jeder Werkstatt eine oder zwei Karten wegnehmen und durch neue Karten der gewünschten Art ersetzen.

Das singende Klavier

Wir spielen jetzt Klavier. Es ist aber gar keines da - macht doch nichts, wir bauen es uns selbst. Sechs Personen sind wir? Gut, dann bin ich der Klavierspieler und ihr fünf seid Töne. Entweder setzen wir uns im Kreis, oder ihr steht oder sitzt in einer Reihe, und ich gehe vor euch hin und her. Zuerst muß ich mein Klavier natürlich stimmen. Also gehe ich auf Konrad zu und zeige auf ihn und singe dabei mit offenem Mund den ersten Ton der Tonleiter. Sofort singt er ihn mit, natürlich auch auf A, wie ich es tue, und er singt den Ton so lange wie, ich auf ihn zeige, so lange wie ich ihn "anschlage" als Klaviertaste. Fritz wird nun auf Ton zwei gestimmt, und Andrea wird Ton drei, Birgit vier und Joachim Ton fünf. Jetzt haben wir

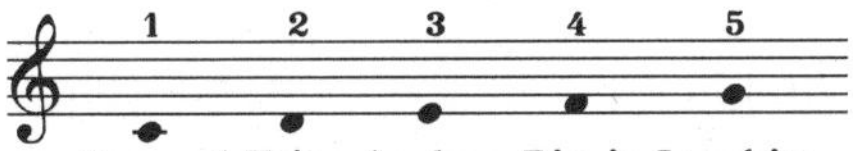

Nun spiele ich Klavier, und zwar schnell, ohne lange zu warten, bevor ich und "mein Klavier" die Töne vergessen haben. Beispiel: Joachim Andrea Andrea——, Birgit Fritz Fritz—, Konrad Fritz Andrea Birgit Joachim Joachim Joachim——. Die Klugen wissen schon, daß ich angefangen habe, "Hänschen klein" zu spielen. Das ganze Lied könnten wir aufführen, denn es braucht nur diese fünf Töne. - Wenn das nicht gut klappt, ist meistens nicht das Klavier blöd, sondern der Klavierspieler schlecht. Sehe ich jeden vor seinem Einsatz schon an, dann weiß er besser voraus, daß er gleich dran ist, kann einatmen und sich vorbereiten. Wenn die Herren schon im Stimmbruch waren und eine Oktave tiefer singen als Andrea und Birgit, macht das nichts. Es bleibt eine Tonleiter von tief nach hoch. Da kommt Ruth, ein Glück, denn sehr viele Lieder gibt es nicht mit fünf Tönen. Also wird Ruth auf Ton 6 gestimmt 

, und jetzt können wir stundenlang spielen. "Der Mond ist aufgegangen". "Weißt du, wieviel Sternlein stehen"...Habe ich mein Lied fertiggespielt, überlege ich mir, welcher Ton ich selbst werden möchte, gehe auf Konrad zu, stelle mich an seinen Platz, und nun kann Konrad sein Lied spielen. Und ich bin jetzt - ich heiße Diether - Ton 1. Schön und besonders spannend wird es, wenn Konrad ein Lied spielen kann, das die anderen gar nicht kennen. Um so mehr müssen sie aufpassen. (Bei einem bekannten Lied wissen die Klugen ja voraus, wann sie dran sind.) Konrad spielt: Diether Fritz Andrea— Andrea— Fritz Diether Fritz— Fritz— So beginnt nämlich das schöne Lied:

Endlich kommt Kerstin. Und weil Konrad es so gut gemacht hat, sagen alle, er soll noch ein Lied spielen. Fünf Minuten geht er hin und her, und dann weiß er, wie er

Kerstin stimmen soll: 

Ihm ist nämlich ein Lied eingefallen, das die Tonleitertöne 1 2 3 4 5 6 8 braucht. Eine Sieben ist also nicht nötig. Schnell noch einmal die Tonleiter: 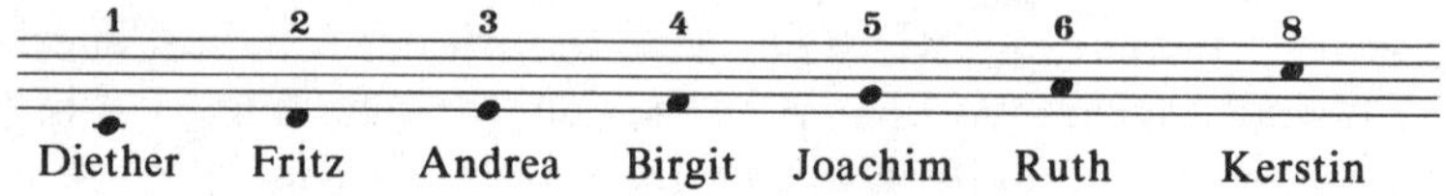

Und jetzt spielt er los: Diether— Andrea Joachim— Kerstin— Ruth— Kerstin Ruth Joachim——. Klar doch, so geht “Alle Vögel sind schon da”. Alle Töne, die diese Melodie enthält, haben wir. - - - - - Drei Jahre später. Jetzt sind wir schon viel älter. Andrea ist die beste in Musik, Konrad kommt an ihren Platz, und unsere Tonleiter heißt jetzt: 1 2 3 4 5 6 8

Diether Fritz Konrad Birgit Joachim Ruth Kerstin

Andrea sagt an, und alle sind überrascht: Paßt auf, ich spiele jetzt mit beiden Händen. Stellt euch im Halbkreis, denn meine Arme sind nicht drei Meter lang. Und jetzt wirbelt sie los:

rechts: Konrad Joachim Kerstin Ruth Kerstin Ruth Joachim_______
links: Diether_____________ Konrad Birgit_______

Und das klingt so:  Sie hat mit dem linken Arm die tiefen, rechts die hohen Töne gezeigt, und wichtig war, genau aufzupassen, wie lang sie die Töne brauchte.

Jetzt kommt Fritz an die Reihe, und alle stöhnen schon vergnügt auf, weil Fritz immer Quatsch macht. Andrea ist jetzt also Ton 2. Fritz: “Leider ist das Klavier verstimmt, ich muß die Töne neu angeben. Los geht's.” Er zeigt auf die Leute, und sie übernehmen. Diether und Andrea erhalten die Töne 1 und 2 wie gewöhnlich. Jetzt aber zeigt er auf Konrad und macht “Krrr”. Konrad ist natürlich total überrascht, also noch einmal “Krrr”, und endlich ist Konrad aus dem Lachen heraus und tönt “Krrr”. Fritzens schon ziemlich altes Klavier klingt schließlich so:

Fritz hebt mit bedeutender Miene den Taktstock und dirigiert: Joachim— Diether— Konrad Konrad Joachim— Kerstin Kerstin Ruth— Joachim Joachim Konrad—, und das klingt natürlich so:

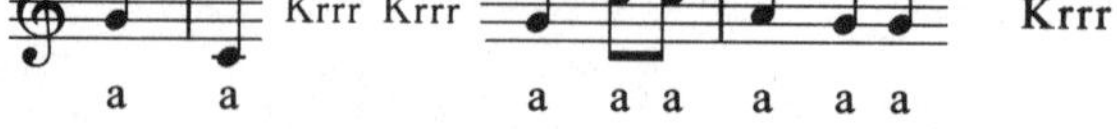

Die Gruppe muß entscheiden, wie weit sie es treiben will. Man kann natürlich auch ein Klavier vorführen, bei dem nicht nur eine Taste kaputt ist, sondern eine andere ein starkes Nebengeräusch hat. Unser A scheppert, Ruth singt nicht auf A, sondern auf "Peng". Wenn man so etwas vorführt und alle ganz ernst bei der Sache sind, kann das recht komisch wirken, wenn aber die Gruppe selbst kichert, ist alles nur Blödelei.
Fritz stellt sich nach dieser kaputten Fährmastermusik auf Ruths Platz, wird also Ton sechs, und Ruth, die immer gut ist für besonders raffinierte Sachen, bringt eine neue Spielregel bei: "Zum normalen Singen auf A drehe ich die Hand um, als ob ich etwas in der Hand trage, Hand nach oben offen. Das ist eine auffordernde Hand, darf ich bitten. Drehe ich die Hand aber um, alle Finger lang gestreckt, heißt das in Zeichensprache 'pst', seid leise". Dieses Zeichen gilt nun für "leises Summen". Ruth denkt sich eine Melodie selber aus und läßt sie abwechselnd schweben über Summton 1 und 4. Hier sind gleich die Noten:

Natürlich ist es für den Anfang das leichteste, wenn die linke Hand immer summt und die rechte singt. Ich würde jetzt gern eine russische Volksmelodie spielen. Ich habe sie zweistimmig gehört, endlos viele Strophen, und manchmal war die Unterstimme die führende:

A B, C B, A... so geht das immer weiter. Irgendwann hört man dann auf dem Klang *e g* auf. In einem Takt des Abschnitts B zeige ich mit Zeige- und Ringfinger auf zwei Nachbarn. Das muß man natürlich vorher ankündigen. Und selbstverständlich muß man ein solches Dirigieren vorher tüchtig üben für sich allein, es wird nämlich schon recht kompliziert. Jetzt dirigiert wieder Ruth. Ihr fallen noch langsame Übergänge von Summen zu Singen und zurück ein: Langsam dreht sich die auffordernde offene Hand zur abwehrenden "pst"-Stellung und zurück. Damit zaubert sie nun eine Klangwolke, die sie sich im Augenblick ausdenkt:

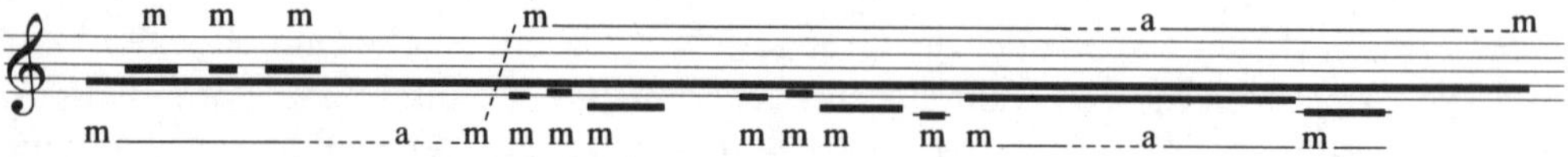

In der Mitte gibt die linke Hand den Ton *g* ab an die rechte, dann braucht sie nicht überkreuz dirigieren nachher, wenn die tiefen Töne kommen. Der Sänger von Ton 5 atmet selbständig nach, wenn es nötig ist. Schöner klingt das natürlich, wenn für jeden Ton mehrere Sänger da sind, vielleicht gar je eine Frauen- und eine Männerstimme. Die zu einem Ton gehören, dürfen natürlich nicht zusammen atmen bei so einem Klangstück, nie darf der lange Ton ganz abbrechen. Auch Ruth übt natürlich vorher für sich allein, auch wenn sie dann improvisiert. Und nach dem sanften Endlosstück wollen alle etwas Wildes, da muß Joachim 'ran. Schluß mit dem Summen. Joachim vereinbart ein neues Zeichen, das auf allgemeine Begeisterung stößt: Beide Hände hoch in die Luft heißt "alle". Was aber jetzt kommt, wird der wahre Terror, und ich schreibe hier nur den Anfang auf:

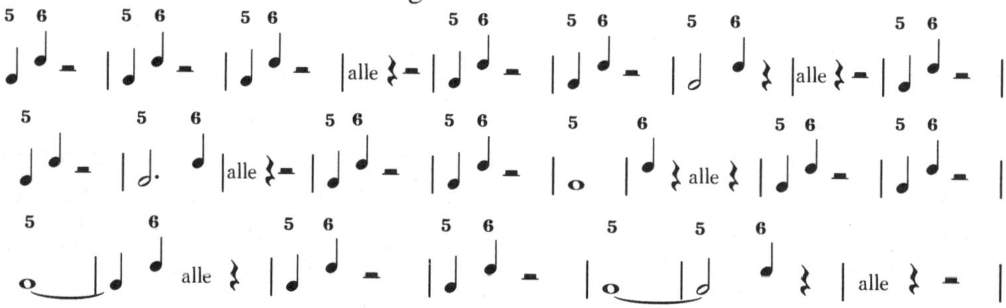

In jedem dritten Takt also läßt er die 5 einen Schlag länger singen (da muß er im Kopf mitzählen beim Dirigieren!) und ändert sonst gar nichts. Vielleicht könnte man so einen Schluß finden, der dazu paßt:

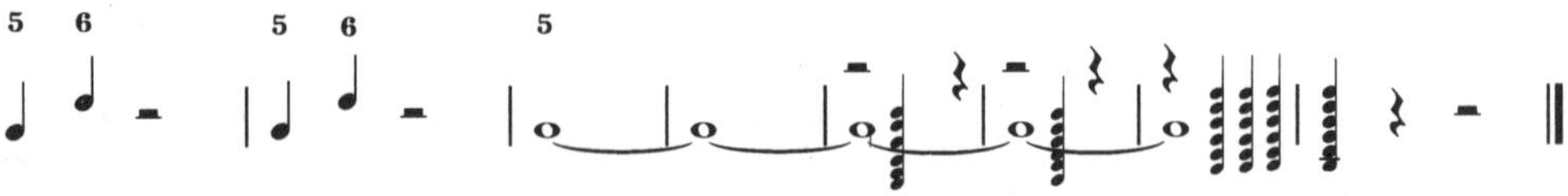

Wenn 5 seinen Ton durchhalten soll, heißt das andere natürlich nicht "alle", sondern "alle übrigen".

Einer möchte ein voll klingendes Klangstück aufführen und führt ein neues Zeichen ein: Handzeichen heißt "Einsatz eines langen Tones, der allmählich leiser wird und dann verklingt". Das muß erst gemeinsam geübt werden, man muß sich auf eine gemeinsame Verklinge-Dauer einigen. Werden Töne nacheinander eingesetzt, sollen sie auch möglichst in derselben Reihenfolge verklingen. Vielleicht geht das Klangstück so los:

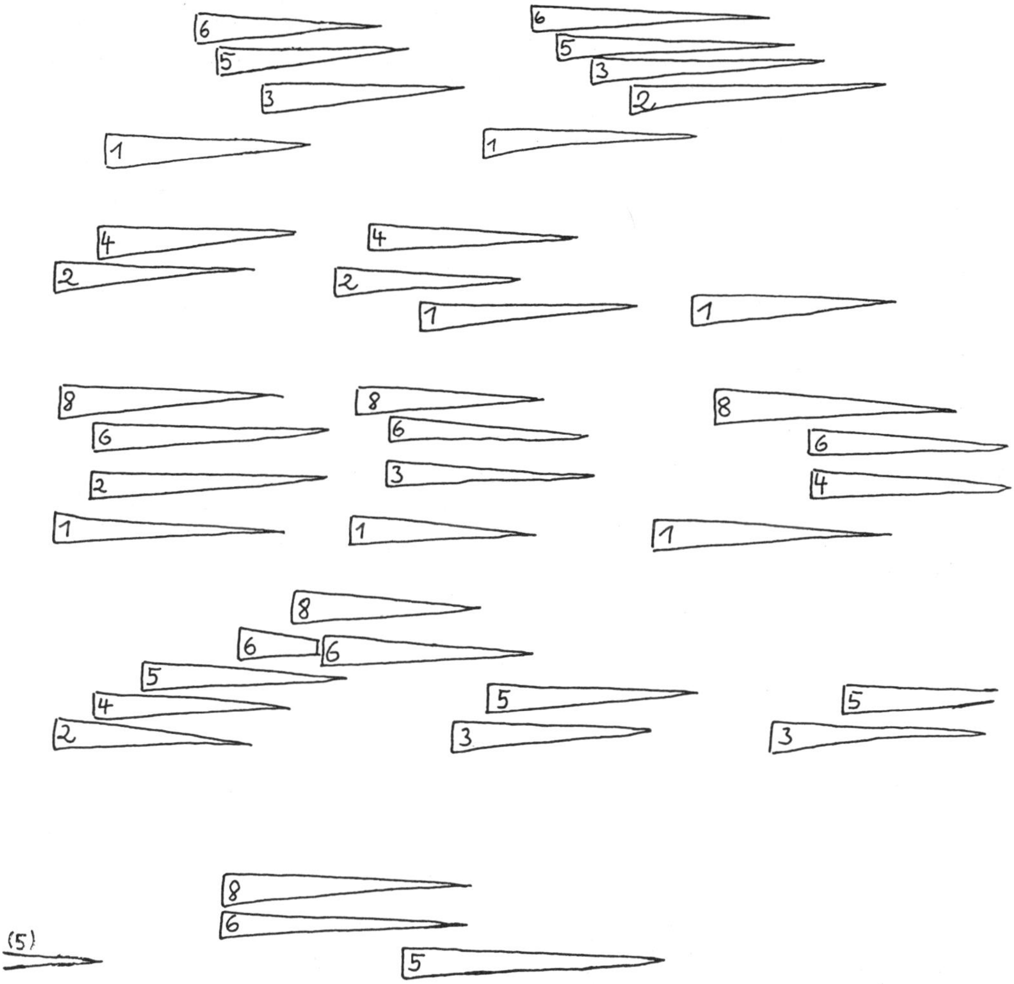

Entschuldigung, das sollte eigentlich nur ein Anfang werden. Aber es macht unheimlich Freude, sich solche Musik auszudenken und dabei klingend vorzustellen. Lese ich dieses Stück noch einmal mit der Stoppuhr durch, dauert es bei mir 2 Minuten 45 Sekunden. Einmal habe ich der 6 einen neuen Einsatz gegeben, während sie noch sang. Dann muß dieser Sänger abbrechen, kurz nachatmen und sofort wieder mit kräftigem Ton einsetzen. Nach Pausen kann man schon auf den zeigen, der als nächster einsetzen soll. So kann er sich gut vorbereiten. Einsatz dann mit Blickkontakt und wie ein Dirigenteneinsatz von oben, als ob ich dem Betreffenden etwas hinreiche. Also nicht die Leute plötzlich "anschießen". Ich habe das Stück beim Komponieren improvisiert, wußte also nicht, wie es weitergehen und wie lang es werden würde. Nur eine Strategie verfolgte ich: 3 und 4 sind nur um einen Halbton voneinander entfernt, diese Töne wollte ich nicht gleichzeitig einsetzen. Ich wanderte also von

einer “Klangwelt mit 3” zu einer “Klangwelt mit 4” usw. Und noch etwas hatte ich im Kopf: die 1 war am Anfang ein entscheidend wichtiger Ton, ihm macht das Stück Freude, und die 8 steht etwas mißmutig herum. In der Mitte wurde deshalb 8 wichtig und blieb im Stück, als sich die 1 längst verabschiedet hatte. Jeder Sänger soll sich doch als wichtig empfinden dürfen und engagieren können.
Ob man mit diesen Spielregeln und mit etlichen Erfahrungen im dirigierten Singen auch improvisieren kann ohne Dirigent? Vielleicht, wenn eine Gruppe sich gut kennt und alle sich gut in ein Ganzes einfügen können, wenn keiner immer nur im Mittelpunkt stehen muß. Das ist schwerer als man denkt. Natürlich muß jeder Bescheid wissen, mit wem er “besonders gut kann”. 1 und 8, wir sind der Rahmen, treten wir gleichzeitig auf, hat das besonderes Gewicht. Weiche Terznachbarschaften bringen 1 + 3, 2 + 4, 3 + 5, 4 + 6, 6 + 8. Treten sie viel auf, gar noch in Dreiklangsgruppen wie 1 + 3 + 5, 1 + 4 + 6, 2 + 4 + 6, 3 + 5 + 8, 4 + 6 + 8, so klingt die Musik vertraut. Klingt “nach Dur”. Eine erfahrene Gruppe kann aber auch einmal versuchen, sich von dieser Klangwelt gelegentlich zu entfernen, ganz bewußt. “Jetzt im Mittelteil mal keine Terzen”. Vielleicht eine Stelle wie diese:

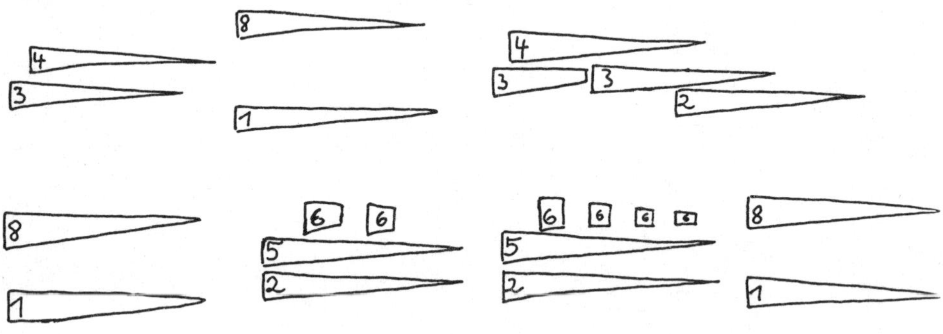

Das ging aber ganz schön gegen unsere Spielregeln. Aber auf einmal hatte die 6 die Idee, auch einmal nur kurze Tupfer einzusetzen, und zwar beim ersten Male abgeschnittene Anfänge, beim zweiten Male Ausschnitte eines normal verklingenden Tones, also verklingende Tupfer. Jetzt beschließt die Gruppe entweder, daß das unfreundlich war, eitel; daß man lieber alle Phantasie in die gegebenen Regeln hineinstecken sollte, wo kommen wir denn hin, wenn 6 Tupfer will, 4 auf verschiedenen Vokalen singen möchte, 1 das Klangbild umdreht zu . Es wäre also besser, in einer Pause der Beratung eine neue Idee zur Diskussion zu stellen, und wenn die anderen dagegen sind, sollte jeder das Recht haben, daß seine Idee wenigstens einmal ausprobiert wird. (Vielleicht mögen sie's dann ja...) In unserem Falle könnte die Gruppe also vereinbaren: Man darf auch kurze Tonabschnitte singen, und zwar 1.) abgeschnittene Anfänge, 2.) Ausschnitte aus einem normal verklingenden Ton. Verboten sind aber Ausschnitte in wechselnder Lautstärke, das brächte zuviel Nervosität ins Musizieren.

Wichtig ist ständiger Blickkontakt. Zwar hört man nur, was eben geschieht, sieht aber voraus, was geschehen wird. Aha, 8 will sich gleich einschalten. 3 steht so versonnen lauschend da und wird sicherlich noch eine Weile pausieren. Irgendwann möchte ich mit 6 zusammen einsetzen, suche Blickkontakt, aufforderndes leichtes Nicken, und es klappt, wenn 6 diese Idee auch gut findet. Sonst wird 6 bewußt von mir wegschauen, und ich verstehe, 6 hat andere Ideen.
Man muß also gut zuhören und sich auch merken, was bisher alles passiert ist, und dieses im Bewußtsein benennen. Vermutlich ergibt sich bei einem noch wenig erfahrenen Ensemble: Zuviel Aktion, alle wollen dauernd... Viel zu wenige Pausen, und wenn, dann immer nur ganz kurze. Man sollte sich auch lange Pausen zutrauen, das ist eine Frage des Mutes. Und schwer ist es auch, ein Gefühl dafür zu entwickeln, wann Schluß ist. Sicherlich geht es zunächst endlos, bis einer unterbricht und keucht "ich kann nicht mehr". Vielleicht gesondert Schlüsse probieren. Wir springen mal mitten hinein und proben Ende. Vermutlich werden die ersten Schlüsse ein langsames Vertröpfeln werden. Einer wendet sich deutlich vom Singen zum Hören, signalisiert "ich bin draußen", andere folgen. Es kann aber auch ein voller Klang ein guter Schluß werden, aber das setzt voraus, daß im Augenblick alle so empfinden. Vielleicht darf man da doch ein wenig helfen. Animierend schaut man sich an: mehr, mehr. Und vielleicht ein Kopfnicken "mit Auftakt" und alle hören zugleich auf. Oder Protest: "dann dirigier' doch wieder, wenn du immer nur bestimmen willst". Dann könnte die Gruppe beschließen: Wir proben jetzt einmal gemeinsames Aufhören aus vollem Klang ohne jedes Dirigieren. Das nimmt man dann ins "Repertoire".
Jetzt singen wir schon anderthalb Stunden, und ich werde bald wahnsinnig auf meinem Ton 2. Aber man wird auch müde von der "Eintönigkeit" des eigenen Beitrags. Also Kreide heraus, wir markieren im Kreis die Positionen (natürlich gibt's längst auch einen siebenten Ton), und jeder darf wandern, wenn eine andere Position frei ist. Also gut, machen wir's gleich szenisch. Erst alle weggehen vom Singkreis, einer tritt auf, sucht wo er beginnen möchte, die anderen überlegen, wann es gut wäre sich einzuschalten und mit welchem Ton. Und dann kann man noch vereinbaren, daß sich mehrere bei einem Ton treffen können. Also größere Tonkreise auf den Boden zeichnen. Schon ist ein guter Anfang da: Zunächst Anwachsen eines einzigen Tones, dann kommen ganz vereinzelt Irritationen anderer Töne hinzu, bis der Startton platzt und alle Sänger wild hin und her flattern, bis sich das ganze beruhigt, indem...
Es regt die Phantasie an, Abläufe einmal in dieser Art verbal zu denken (man kann ja Töne vorstellen, aber auch ohne Tonvorstellung über Tonereignisse denken). Macht das jeder für sich, sind nachher alle reicher an Ideen, jeder hat einen Koffer voll. Oder man bespricht ein derartiges Konzept und realisiert es dann. Wobei natürlich auch alles ganz anders werden kann, wenn sich im Augenblick ergibt, daß es besser wäre...

Stuhl weg

Stühle stehen überall im Raum verteilt, aber nur so viele, daß für jeden Mitspieler ein Stuhl vorhanden ist. (Übrige Stühle werden weggebracht oder in die Ecke gestellt oder zugedeckt, jedenfalls klar erkennbar “unbrauchbar gemacht”.) Alle sitzen. Der Spielleiter beginnt zu singen, eine ruhige Melodie, die er sich im Augenblick ausdenkt. Keiner kennt sie also und keiner weiß, wie sie weitergeht. Mit dem ersten Ton erheben sich alle anderen und wandern umher, jeder auf eigenem Wege. Wenn sie geschickt sind, haben sie dabei stets (ganz unauffällig!) die Stühle im Auge, denn sobald in der Melodie eine fallende Quarte erklingt, müssen sie sich so schnell wie möglich hinsetzen. Der Spielleiter hat aber zu Beginn seines Singens einen Stuhl weggestellt, zugedeckt, unbrauchbar gemacht. Also kann sich nun der, der die gesungene Quarte als letzter bemerkt, nicht mehr hinsetzen. Er scheidet aus. Die anderen erholen sich keuchend, sie sind noch einmal davongekommen. Aber dann beginnt der Gesang des Spielleiters wieder. Natürlich singt er jetzt eine andere Melodie (kann aber auch so gemein sein, so anzufangen wie vorhin, jetzt aber viel früher eine Quarte heruntersegeln), stellt wieder einen Stuhl weg, wenn sich die Wanderer erhoben haben. Vielleicht ist diesmal gar das erste Intervall eine fallende Quarte, vielleicht läßt er die Wanderer besonders lange auf eine Quarte warten und serviert sie, wenn die sorglosen Wanderer besonders weit weg sind von den Stühlen... Besonders hart wird natürlich der Kampf der letzten beiden um den letzten Stuhl!

Wie klingen denn fallende Quarten? Wir müssen uns zunächst in sie einhören und am besten einsingen. Mir hilft es dabei, die Tonleitertöne in Zahlen mitzudenken, die Quinte als 5, die Oktave als 8, den Grundton als 1. Den Ton über der 8 kann man dabei als erneute 2 denken oder als 9, ganz wie es einem hilfreich erscheint. Haben wir eine Tafel? Gut, dann schreibe ich eine Zahlenfolge auf und lasse euch nach den Zahlen die Melodie singen. Nein, keine Tafel da? Na gut, dann geht die Vorübung so: Der Spielleiter singt eine langsame Melodie und verläßt jeden Ton erst, wenn die übrigen seine Zahl gerufen haben. Natürlich muß er beim ersten Ton dessen Zahl selbst ansagen, sonst weiß ja keiner, wo man ist. (Wäre ich unter den Zuhörern, würde ich die Töne, die ich höre, selbst mit der eigenen Kehle greifen, also leise mitsingen, und erst dann ihre Zahl rufen.) Hier wäre eine solche Melodie, die den Oktavraum gut vorstellt:

Jetzt kommt Vorübung Nr. 2: Wir müssen unsere Witterung für fallende Quarten verfeinern. Man singe quartenreiche Melodien abschnittweise gemeinsam (einer singt vor, dann singen alle noch einmal und markieren dabei die fallenden Quarten) und koste dabei das Quartenerlebnis recht aus:

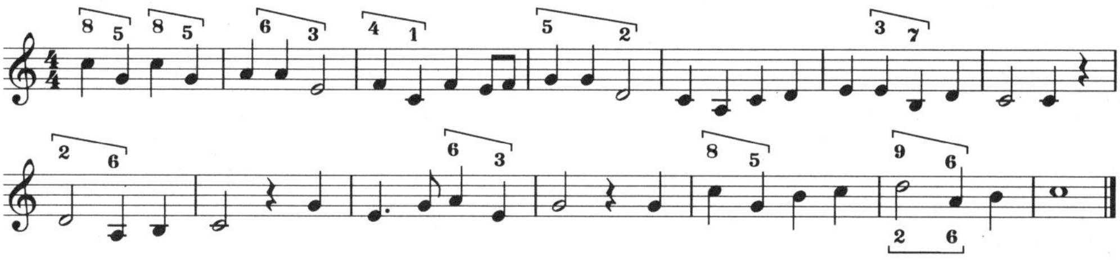

Mollmelodien sollte man nur anbieten, wenn eine Gruppe besonders gut trainiert ist. Mollmelodien rutschen nämlich so schnell in die parallele Durtonart hinüber (und dann öfters hin und her), daß ich nicht wüßte, in welchen Zahlen ich denken sollte. Welche "1" regiert denn?

Man kann also nur Intervalle hören, nicht Stufen einer Tonleiter, und mir scheint das etwas schwerer.

Bei Durmelodien noch ein Tip für bösartige Spielleiter: Vom Leitton ab, von der 7 herunter, gibt es keine Quarte. Höre ich als Wanderer einen Leitton, kann ich mich also mutig von den Stühlen entfernen. Nun moduliert der bösartige Spielleiter aber zur Dominanttonart, so daß die alte 7 gar nicht mehr Leitton ist, sondern neue 3, und schon stehe ich ohne Stuhl herum und muß ausscheiden:

Ich hatte nämlich erwartet:

Vielleicht sind in unserer Gruppe einige zu faul, genau hinzuhören und selbst zu entscheiden, ob man zum nächsten Stuhl flitzen muß. Sie beobachten heimlich den Wanderer, den sie für den musikalischsten halten. Was, ich habe die Ehre? Na wartet, euch lege ich herein. Blitzartig rase ich irgendwann zum nächsten Stuhl, setze mich aber nicht, sondern gehe grinsend weiter, während die "Spione" sitzen und erst zu spät merken, daß ich sie reingelegt habe. Es hatte ja gar keine Quarte gegeben, sondern irgendein

anderes fallendes Intervall. Wer sich aber hinsetzt ohne Quart-Kommando, muß ebenfalls ausscheiden.
Natürlich kann man auch andere Intervalle zum Signal erklären, je auffälliger sie sind, desto leichter haben es die Wanderer. Steigende Oktaven kann man ja wirklich nicht überhören. Wirklich nicht? Paßt auf, ich lege euch noch einmal herein. Die wachsenden Intervalle der folgenden Melodie singe ich mit Betonung, crescendo, und beim dritten sitzt wohl mancher auf dem Stuhl, eh' er merkt, daß es eine Dezime war, ein noch größeres Intervall. Und danach singe ich dann die *g-g*-Oktave ganz unschuldig - unauffällig decrescendo, und keiner will sich setzen, alle müssen ausscheiden:

Blödes Spiel, nur für "Musikalische". Wir wissen nicht, was Quarte und Oktave ist. Auch gut, bleibt doch hier, auch ihr könnt mitspielen. Kommt nach einem Ton derselbe Ton wieder, hört auch ihr das. Also spielen wir jetzt: Signal "Tonwiederholung". Jeder hört das. Aber auch hier lauern Gefahren. Kommt ein betonter Ton unbetont noch einmal, hört man das mühelos (1). Es kann aber auch ein leichter Ton auf betonter Zeit wiederholt werden (2), und das hört sich ganz anders an. Und seid ihr alle zu gut, wird der Spielleiter wieder einmal bösartig: Er beendet eine Phrase mit einem Ton, den er dann als Anfang einer neuen Phrase wieder aufnimmt (3). Also aufgepaßt, Schlußtöne nicht "zu den Akten legen", sondern merken.

Scheinwerfer

Wir sind schon ziemlich müde, und es ist schon spät, da kann man nicht mehr allzu viel erwarten. Vielleicht haben auch einige schon zu viel getrunken (Saft natürlich). Also machen wir ein Singspiel, das nicht sehr anstrengt. (Oder doch? Ich hab's mir eben ausgedacht, habe zwei Lieder selber gesungen nach den Spielregeln und wäre beide Male herausgeflogen.) Es geht so: Wer dran ist, wählt sich ein Lied und singt es, stellt dabei aber den Scheinwerfer auf einen einzigen Vokal oder Konsonant. Nur Silben mit diesem Buchstaben dürfen also gesungen werden, alles andere bleibt im Dunkeln, bleibt unhörbar. Natürlich muß das Lied angesagt werden (sonst machen wir ein anderes Spiel, das nachher beschrieben wird). Die aufmerksame Runde paßt dann auf zweierlei auf: 1) Läßt er keine Silbe aus und singt er keine falsche? 2) Kommen die Scheinwerfersilben auch richtig im Takt? Festlegen muß man, ob *ie* und *ei* aufleuchten darf, wenn einer seinen Scheinwerfer auf *e* stellt. Entscheiden wir so: *E* ist drin, auch wenn's wie bei *ie* nicht nach *e* klingt. Teufel. Meinem ärgsten Feind möchte ich befehlen, Scheinwerfer auf *h* zu stellen, denn das übersieht doch jeder. (Letzten Satz noch einmal lesen und die *h*-Silben erkennen; die verstecken sich fürchterlich.) Jetzt singt also einer "Alle Vögel" mit *e* -Scheinwerfer:

Er hat ganz schön zu tun! Und dann meldet sich einer und grinst spitzbübisch. Er sagt an: "Wohl heute noch und morgen, Scheinwerfer auf *u*". Folgender herrlicher Gesang ertönt:

Ich finde das übrigens außerordentlich schwer. Man muß in der langen Pause schon ganz schön (stumm) mitsingen, um nachher noch die richtige Tonlage zu treffen. Aber gefordert sind natürlich alle, auch die Zuhörer. Stellen sie fest, daß die Tonlage verrutscht ist (Urteilsspruch mit Mehrheit), muß der Kandidat - ja was denn: Wer einen Fehler macht, muß eine Runde (Saft natürlich) spendieren.

Zu Beginn muß jeder Sänger einatmen und dadurch die erste Silbe markieren (falls kein Scheinwerfer auf ihr liegt) und einen Takt lang das Metrum mit der Hand markieren, damit jeder weiß, wie schnell er sein Lied nimmt und mitdenken kann. Dann zählen Sänger und Hörer still für sich weiter und kontrollieren einander.

Gegen Ende einer Spielrunde werden wir übermütig. Jetzt stellen wir zwei Scheinwerfer, z.B. auf *a* und auf *u,* und legen außerdem fest, daß die Sänger zu ihren Silben aufstehen müssen. Das wird ein Gehetze, weil man ja erst im letzten Moment merkt, daß man dran ist. Also wird keiner richtig in die Höhe kommen, sondern mit noch krummem Rücken seine Silben keuchen. Heraus kommt dann etwa dies ("Ade zur guten Nacht"):

Natürlich klingt (und sieht aus) das *da - da - da* reichlich komisch, aber wir wollten ja auch etwas zum Lachen haben. Lieder, die wir gern singen, werden wir schon trotzdem lieb behalten.
Und jetzt flüstern zweie von uns und grinsen und sagen dann an, daß sie ein nicht genanntes Lied singen mit Scheinwerfern auf *a* und *u*. Hier der imposante Anfang:

Sie müssen ja beide zugleich an die Arbeit bei "blaue" und "Aue" im alten Lied "Weiß mir ein Blümlein blaue", das es allerdings in verschiedenen Fassungen gibt. *Ü* ist nicht *u,* also muß der *u*-Scheinwerfer bei "Blümlein" und "grüner" nicht aktiv werden.
Und damit sind wir schon im zweiten Scheinwerferspiel: Der Sänger gibt sein Lied nicht bekannt und läßt es raten. Alle werden natürlich *ö, ü, ä, qu* wählen. *X* und *y* sind verboten. Aber spannend wird das Spiel nur, wenn die Sänger häufiger vorkommende Buchstaben riskieren. Wer die erste Runde übersteht, ohne daß die anderen sein Lied erraten konnten, kommt in die zweite Runde. Nun muß er einen weiteren Buchstaben ins Licht stellen.
(Plötzlich sieht man die Leute mit Bleistift arbeiten, heimlich in einer Ecke, denn wer kann das schon fehlerlos!) Hier habe ich einen garantierten Sieg in der dritten Runde: Scheinwerfer auf *k, o* und *w*. Im ganzen "Ännchen von Tharau" kommt nämlich nur eine einzige Singsilbe für mich vor: In der Wiederholung des ersten Achttakters mit neuem Text die Silbe *wie* (Ännchen von Tharau hat *wie*der ihr Herz...). Aber eigentlich ist es langweilig, auf solche Weise zu siegen. Spannend sind doch nur Lieder, in denen der Scheinwerferbuchstabe häufig vorkommt:

("Ein Tiroler wollte jagen"). Vernünftig, wenn die Runde sich einig wird: Zunächst

müssen alle ihre Scheinwerfer auf *e* stellen. Dann zusätzlich auf...
Und jetzt gibt es noch eine Vorführ-Variante: Wir verteilen alle Vokale, die in einem Lied vorkommen, auf eine entsprechende Zahl von Mitwirkenden. Sie stehen in einer Reihe, und jeder tritt einen Schritt vor, wenn er eine Silbe seines Vokals zu singen hat. Gut üben bitte, präzise bei seiner Silbe muß er vorn stehen und beim nächsten Vokalgesang schon wieder in der Reihe. Und natürlich gibt es als Höhepunkt noch eine stumme Version: Jeder hat ein Schild mit seinem Vokal vor der Brust hängen und alles geschieht genauso wie eben, nur eben stumm. Und natürlich ein flottes Lied. Besonders schön muß sich "anhören" das Lied "Auf de schwäbsche Eisebahne", wenn dann zum "Rulla rulla rullala" nur noch zwei Personen vor- und zurückwackeln...

Wegweiser

Klatschen
Einer geht raus, die anderen beschließen seine Aufgabe: Er soll von der Türe aus auf einen bestimmten Stuhl zugehen, ihn dreimal umkreisen (Linkskurve), sich dann hinsetzen. Gut so, er darf hereinkommen und bleibt an der Türe stehen. Stille. Macht er jetzt was er soll, klatschen alle im selben Metrum (am besten ist einer der Boß, der das Normaltempo bestimmt). Sobald aber Falsches geschieht, werden die Klatscher ein wenig schneller, viel schneller, etwas oder sehr viel langsamer: Man hört eine Wolke. Natürlich unterbricht der Wanderer sofort. Denkt er nach und bleibt stehen, herrscht sogleich absolute Stille. Er wendet sich nach links - Wolke. Steht - Stille. Nach rechts - Wolke. Steht - Stille. Jetzt geradeaus - animierendes Klatschen in gemeinsamem Metrum. Jetzt erreicht er den Stuhl, will sich setzen - Wolke. Steht - Stille. Will ihn hochheben - Wolke. Will links an ihm vorbei - Wolke. Versucht es rechts herum - rhythmisches Klatschen, das aber schnell zur Wolke wird, denn er will weitergehen. Aha, ich muß in der Nähe des Stuhles bleiben, also einmal herum. Was, weiter herum? Na gut. Dreimal herum und ein viertes... Nein, Wolke. Aha, was jetzt? Und schließlich sitzt er, und das Klatschen wird zum tosenden Beifall. Geht dann der nächste hinaus, wird natürlich eine völlig andere Aufgabe ausgedacht. Er muß den Blumentopf von der Fensterbank holen und sich dann mitten im Raum hinlegen, den Blumentopf neben sich stellen. Ist einer, der nicht schnell genug auf "Wolke" reagiert hat, zu weit von der vorgeschriebenen Bahn abgewichen, kann er gar nichts mehr richtig machen: Von der Stelle aus, wo er jetzt steht, ist alles falsch, Wolke bei allem was er tut. Er geht am besten (von Wolke begleitet) zum Startplatz (Tür) zurück, den Anfang weiß er ja noch, sollte dann nur schneller reagieren, wenn die Gefahrenzone naht.

Singen
Als Wegweiser stimmt ein Vorsänger allen bekannte Lieder an, die ohne Text gesungen werden, eines nach dem anderen. Die Gruppe singt mit. Fehler werden jetzt

dadurch angezeigt, daß die Sänger zu hoch oder tief rutschen, einzelne Intervalle also zu groß oder zu klein nehmen, dann aber wieder einigermaßen im Gang der Melodie singen (hoffentlich muß man das nicht allzu lange hören!). Alle bleiben im gemeinsamen Rhythmus, nur statt klarer Töne hört man einen Tonhaufen, der sich einigermaßen parallel verschiebt. Halt, jetzt macht er das richtige - schnell in die maßgebliche Tonhöhe des Vorsängers hinein. Überlegt er - Stille. Tut er dann Richtiges, die Melodie präzise an der Abbruchstelle fortsetzen. Bei dieser Spielversion müssen alle so nahe am Vorsänger sitzen, daß sie ihn hören und in seine Tonlage hineinkriechen können, wenn der Sucher das Rechte tut. Und einen guten stabilen Vorsänger braucht man, der sich von den Ausrutschern im Halten der Tonlage nicht irritieren läßt.

Musikunterricht
Ein Sucher, ein Wegweiser. Die anderen sitzen nur dabei und halten sich die Bäuche vor Lachen. Der Wegweiser berichtet nämlich irgend etwas Musik oder Musikgeschichte Betreffendes, leitet dabei den Sucher durch sinnvolle Sätze. Wird der Text grotesk, ist der Sucher auf Abwegen. Natürlich machen wir kein Examen, es wird also nicht vorausgesetzt, daß minimale Fehler entdeckt werden. Fis-dur-Streichquartett von Brahms? Wer weiß, ob das richtig oder falsch ist? Lieber drastisch deutlich führen, etwa so: "Wolfgang Amadeus Bach... Wolfgang Amadeus Mozart, der große Staatsmann... der große Dichter... der große Komponist, hat viele Filmmusiken... hat viele Musicals... hat viele Opern komponiert. Er lebte in Honolulu... in Hinterindien... in Toronto... in Wien und hat noch mit 95 Jahren... hat im 17. Jahrhundert... hat leider kein hohes Alter erreicht. Er spielte Saxophon... er spielte Banjo... er spielte Violine und Klavier und war auch als Tennisspieler... und war ⓧ auch in der Wiener Fußballelf... und dirigierte natürlich auch. Sein Vater hat ihm das Boxen... Sein Vater hat ihm Karatc... Scin Vatcr hat ihm alle Kompositionsstile der Zeit bekannt gemacht, so die Musik von Verdi... so die Musik von Hindemith... so die Musik von Christian Bach usw.

Für den Wegweiser ein außerordentlich schweres Spiel. Passiert dem Sucher ein Fehler, muß sein Text sogleich darauf reagieren. In meinem Text wäre die unterstrichene Stelle schlecht, wenn der zu monierende Fehler bereits beim Zeichen passiert wäre. Der Sprecher bemerkte den Fehler, aber sein Signalwort folgte erst deutlich später. Passiert also Falsches, darf ich nach "Mozart hat" nicht fortfahren "viele Jahre seines Lebens erfolgreich Posaunenunterricht...", sondern ich hätte gleich signalisieren müssen "... als Posaunenlehrer". Im Fehlermoment sogleich drastisch ausrutschen. Und das ist wirklich schwer. Man muß also doppelt denken: Einen als sinnvoll erkennbaren Text erfinden und gleichzeitig ständig mögliche Ausrutscher bereithalten. Man muß also sehr faktenreich sprechen. Hier einige mögliche Geschichtenanfänge:
Noten schreibt man auf Notenlinien...
Orgelspielen ist eine hohe Kunst...
Als Dreiklang bezeichnet man...
Die musikalische Klassik beginnt etwa mit dem Schaffen von...

Ludwig van Beethoven wurde 1770...
Holzbläser ist der Name einer Familie von Instrumenten...
Die Oper entstand...
Die Harmonielehre lehrt...

Intervalle verstecken

Einer geht hinaus, und die Gruppe beschließt, welches Intervall er suchen soll.

Beschluß:  Er wird wieder hereingerufen, und man singt ihm als Tonartgrundton ein *c* zu. Das versteckte Intervall - so lautet die Spielregel - muß im Bereich  liegen. Nun muß unser Kandidat schön melodisch improvisieren, und das macht die Sache schwer. So kann er ja kaum kontrollieren, welche Tonverbindungen er alle schon gesungen hat. Das einfachste wäre ja, systematisch vorzugehen und von jedem Ton aus alle anderen Töne der Reihe nach anzupeilen, aber ein derartiges  gehört in die Klavierstunde und ist streng verboten, das heißt: es muß eben eine ansprechende Melodie ertönen. Nun gut, sagt sich unser Kandidat, und singt

aber wie lange muß er noch suchen, wenn er in jedem Takt nur einen einzigen Schritt bewußt abarbeitet. Sicher führt schneller zum Ziel, abschnittweise einzelne Intervalle zu bevorzugen. Man kann ja eine Weile terzenreich singen, einmal in Sekundschritten, während man größere Intervalle nicht in Mengen bieten kann, ohne daß die Runde protestieren würde.
Terzensuchmelodie:

Sekunden suchen:

Auf der Pirsch nach großen Intervallen (anstrengend!):

(Höhnisches Grinsen in der Runde über diese schöne Melodie.)
Hat einer gar zu lange gezwitschert und immer noch nichts gefunden, wird ihm die Runde helfen. Man einigt sich durch Blickkontakt "Ja, wir wollen ihn erlösen". Wenn er nun das nächste Mal den Startton des zu suchenden Intervalls singt, stimmt die Runde blitzartig mit ein. Aha, von *h* aus. Und jetzt kann er gezielt suchen:

"Bravo, gefunden". "Ihr seid aber gemein, wer denkt denn an sowas". "Kommt aber in Liedern vor". "In hundert Liedern einmal!" - Ausgeschlossen sind natürlich Intervalle wie die None, die es in Liedern gar nicht gibt, während Dominantseptimen schomit Inbrunst gesungen werden:

aber doch wohl nur aufwärts, oder?

Namen singen

Allzu viel gibt es nicht her, aber für einen Tag in der Jugendherberge oder während einer Musikwoche oder für einen geselligen Abend kann es Spaß machen. In einen Topf kommen Karten mit der Aufschrift [*c*↓] [*d*] [*e*] [*f*] [*g*] [*a*] [*h*] [*c*↑] [ ]. Tiefes und hohes *c* sind unterschieden, und der letzte Zettel ist eine Niete, o weh. Jeder darf dreimal ziehen und holt sich damit die Töne, die fortan für ihn ICH bedeuten. Mit dem Sprechen ist es vorbei, und jeder erhält seinen Tonvorrat. Ich habe Pech, tiefes und hohes *c* sowie Niete. Ronny zieht *e g a,* Werner *c*↓ *d h* und Doscha *f h* und Niete. Wollen mehr als fünf Personen singen, sollte jeder nur zwei Karten bekommen, es würden die Sprechweisen sonst zu ähnlich und zu schwer merkbar auch. Man singt nunmehr in den eigenen Tönen, wenn man von sich singt, aber wenn man andere anspricht, muß man natürlich deren Töne dazu verwenden. So kann es in einem Satz hin und her gehen: "*Ich* meine, daß *du*... denn *ich* halte nichts davon." Hätten wir vor dem gemeinsamen Frühstück Karten gezogen, könnte ich sagen:

womit klar wäre, daß ich mich an Ronny gewandt hatte. Der weitere Dialog könnte dann so klingen:

Am schönsten ist es natürlich, wenn nur einige einer Gruppe mitspielen und die anderen gar nicht wissen, was hier gespielt wird, wie hier geheime Verständigung passiert, welche Frechheiten und Anspielungen da zur "Sprache" kommen. Ja die vier Eingeweihten können auch den Uneingeweihten Töne zuteilen und sich auch diese Tongruppen einprägen. Peter haben sie vielleicht *e a h* zugeteilt. Eben kommt er herein, der Dicke, schon wieder Süßes kauend, und er weiß überhaupt nicht, weshalb die Eingeweihten brüllen, als Doscha - ohne ihn anzusehen - bemerkt:

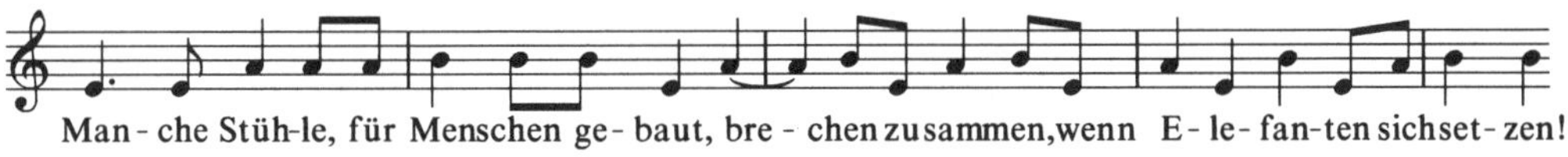

Eines muß noch besprochen werden: Wurde einige Zeit nichts "gesagt", ist natürlich die Tonart aus dem Ohr; wer hat schon absolutes Gehör. Wer jetzt etwas bemerken will, summt einfach zuvor ein leises tiefes *c* und beginnt dann zu singen. Welcher Ton das dann wirklich ist - ja ganz egal, wir arbeiten ja mit relativem Gehör.
Aber nun fällt mir ein, wie aus dem lustigen Spielchen etwas ganz Besonderes werden kann zwischenmenschlich. Wir Eingeweihten sitzen im Dunkeln beisammen, keiner sieht den anderen. Aber wir sprechen von uns und fragen und antworten und suchen und finden. Ich höre, was du sagst, und verstehe, daß du mich meinst, und bringe in meiner Antwort einen Dritten ins Spiel, dessen Meinung du auch hören solltest. Er versteht und nimmt auf...

Tanz-
musik

Ballett

Musik fährt einem in die Beine, so sagt man doch, und jedem ist das schon passiert. Aber warum belassen wir es bei diesem einen Satz und forschen nicht einmal genauer nach. Bei dieser melancholischen Musik wird man irrsinnig schwer, schon nach wenigen Schritten, stets tiefer einsinkend, sieht man gerade noch die Gräser und Blumen neben sich, gleich wird es dunkel. - Bei diesem fröhlichen Allegretto muß man die Zehen strecken, um den Boden gerade noch zu berühren. - Bei diesem merkwürdigen Andante lasten auf jedem linken Fuß Zentner, während der rechte beim sanften Auftreten immer länger zu werden scheint, er wächst, und der Körper streckt sich nach oben. - Diese gepfefferte Musik schießt mich hoch in die Luft, die “Schritte” 2 bis 4 kämmen durch die Wolken. - Bei dieser verführerischen Schlangenmusik habe ich überhaupt keine Knochen mehr, und setze ich die Füße auf, dürfte der Bodendruck nicht mehr betragen als zehn Gramm. - Bei dieser akzentexplosiven Musik würden bei einer Filmaufnahme meines Tanzes immer drei Bilder verwischen und danach 27 Bilder einen unbewegten Körper zeigen... Lassen wir uns das alles doch einmal vorführen.

Die Gruppe entwirft mindestens drei, aber nicht mehr als fünf Zweitakter äußerst gegensätzlicher Musik, allerdings alle im selben Vierteltempo und alle im 4/4-Takt. (Sonst würden die Unterschiede zu äußerlich, und es wäre zu leicht, sie beim Tanzen unterschiedlich zu gestalten.) Die Zweitakter werden notiert, entweder auf Notenpapier oder auf weiße Blätter; das tief-hoch der gedachten Melodien kann man ja auch so deutlich machen. Bindebögen und staccato-Zeichen, Akzente, crescendo und decrescendo, kurz alles, was der Charakterisierung dient, wird eingetragen. Dann prägen sich alle in der Runde diese Musiktypen ein, indem diese in vielfacher Wiederholung gesungen werden. (Wurden die Stücke ohne Notenlinien aufgezeichnet, singt man eben im Singsang, dem hoch-tief der Darstellung folgend.)

Jeder, der auftreten will, braucht jetzt Zeit zum Nachdenken und zum Planen der Tanzideen. Und irgendwann sagt einer “ich hab’s”. Aber bei seiner Vorführung müssen alle, die auch noch auftreten wollen, die Augen schließen; abgucken nicht erlaubt. Der Tänzer sagt an, womit er beginnen will, und die Gruppe musiziert die Nummer mehrfach wiederholt, solange der Tänzer tanzt, und schaut sich das Ballett kritisch an. Beifall, und die nächste Nummer gemäß Ansage. Mancher präsentiert vermutlich nur eine oder nur einige Nummern, mancher alle. Nach Auftritt des letzten Tänzers große Beratung der Nichttänzer: Carola war bei 1 und 5 am besten, ich hoffentlich bei 4, Theresia bei den elegischen Nummern 2 und 3. Preisverteilung, und es wird von jeder Nummer die beste Darstellung nochmals als Gala gegeben. So könnten die fünf Charaktere aussehen:

Für jedes Modell muß man sich also eine acht Zählzeiten umfassende Bewegungsgestalt ausdenken, die anschließend wiederholt oder auch variiert wird, falls man so weit planen kann. Und es sollen nicht nur die Beine sprechen, auch Kopf und Arme, der ganze Körper. Nr. 5: Ich würde im Takt marschieren und bei Schritt 1 in die Höhe schnellen, bei 2 bis 4 oben bleiben und bei 5 bis 8 mit kleinen Rucken in mich zusammensinken. Idee für Nr. 4: Vier Schritte leichtfüßig gehen, dann eine zwei Zählzeiten umspannende Drehung und Stillstehen beim letzten Ton der Melodie, die Arme hoch, Finger gestreckt. Bei Nr. 3 würde ich auf der Stelle gehen, die Arme vorgestreckt. Bei Schritt 2 hebe ich sie ein wenig höher, um sie dann ganz langsam sinken zu lassen; Bewegung zähflüssig, die Arme mühen sich durch ein Ölbad. Bei Nr. 2 klebe ich die Füße am Boden fest. Pro Takt eine Körperdrehung (abwechselnd nach links und nach rechts) während der Halben Note, dann unbeweglich stehen bleiben. Nr. 1 ist mir am wenigsten klar. Sollen's die neugierigen Hände machen? Oder Kopf in die Höhe und Vögel auf den Bäumen zählen? Auf jeden Fall fröhlich dreinschauen!
Hier noch einige Zweitakter zum Anheizen der eigenen Phantasie:

Variante 1:
Die Tänzer führen die Stücke unbegleitet vor, denn sie sagen nicht, welche Nummer sie darstellen. Alle Zuschauer notieren auf Zetteln ihre Meinung. Aber nicht jeder Tänzer bietet alle Stücke, und ein Schelm hat vielleicht für ein Stück gleich zwei gute Realisationen. Also nicht Zahlen schieben, sondern zuschauen und zuordnen. Vielleicht kommt dieses Ergebnis zustande:

		Jury 1	2	3	4	5
Werner macht	3	1	3	3	1	4
Carola	3	3	3	3	3	3
	2	2	2	2	2	2
	5	5	5	5	4	5
Diether	4	4	4	4	4	4
	5	1	3	2	5	5
Theresia	2	2	2	2	2	2
	2!	2	2	2	2	2
	1	1	1	1	1	1
	5	5	5	5	5	5

Resultat: Die Frauen tanzten deutlich besser. Werners Tanz taugte nicht viel. Diether gelang wenigstens die 4, aber die 5 ging daneben. Carola machte zwei "Fünfer" und einen "Vierer", und Theresia ist das Genie. Auch bei ihrer Doppel-Zwei war alles eindeutig. (Natürlich bekommt man auch heraus, wer in der Jury etwas taugt und wer nicht. Gibt nur einer abweichende Urteile bei für die anderen eindeutigen Darstellungen, dürfte er aus der Jury hinausfliegen!)

Variante 2:
Und jetzt wird die Sache spannend. Wir drehen das Spiel um. Tänzer denken sich charakteristische Acht-Schritte-Tänze aus und führen sie vor. Nun versuchen die Zuschauer, die angemessene Musik dazu zu erfinden. Wer soll dann beurteilen, welches die passendste Musik war? Vielleicht der Tänzer. Vielleicht aber noch besser die ganze Runde, denn es kann sein, daß der Tänzer eine durchaus passende Musik ablehnt einfach deshalb, weil er sich die Melodie anders gedacht hat. Und der Tänzer kann sich selbst ja doch nicht sehen und schätzt den Ausdruck seiner Bewegungen vielleicht falsch ein.

Variante 3:
Wir brauchen einen zweiten Raum; im Versammlungsraum darf aber nicht mitgehört werden, was dort erklingt. Ein Tänzer denkt sich einen Acht-Schritte-Tanz aus, nimmt sich einen Komponisten mit und führt ihm im zweiten Raum den Tanz vor. Der Komponist erfindet eine Musik zum Tanz, und man führt beides zusammen auf. Nun kommt der Tänzer zurück und schickt einen zweiten Tänzer hinüber. Dieser hört nun die dort erfundene Musik und denkt sich einen Tanz dazu aus. Beides wird zusammen aufgeführt. Jetzt kommt der Komponist zurück und schickt einen zweiten Komponisten hinüber, der sich zum Tanz wiederum eine passende Musik ausdenkt. Nun wieder Tänzertausch und so fort. Hat man genug, kann man, wenn sich alle gut erinnern, die ganze Geschichte vorführen: Tanz 1 solo, dann mit Musik 1, dann Musik 1 mit Tanz 2, dann Tanz 2 mit Musik 2, dann Musik 2 mit Tanz 3 usw. Oder man hatte einen Recorder im Zweitraum und spielt einfach hintereinander alle Musikfassungen vor. Das kann schon eine spannende Sache werden. Was geht verloren, was verändert sich, was bleibt stabil?

Der Gang der Melodie

Melodien improvisieren zu zweit. Sänger und Tänzer. Und jeder hat seine eigene Aufgabe, auf die er sich voll konzentriert. Der Sänger bestimmt Takt und Rhythmus und konzentriert sich auf den momentanen Melodieverlauf, die Folge der Töne. Und der Tänzer bestimmt den Charakter der Musik und die Dauer der einzelnen Phrasen sowie ihre Start- und Zieltöne und Anzahl und Länge der Pausen. Er bestimmt also auch die Anzahl der Phrasen und damit die Gesamtdauer der Melodie. Aber wer bestimmt eigentlich? Natürlich hört der Tänzer auf den Sänger und hört, wie lange das Musizieren noch trägt, wo die Musik hindrängt. Zusehen, zuhören, reagieren.

Vier Tonbereiche für Phrasenanfänge und -enden gibt es (gedacht in C-dur, aber die Tonhöhe richtet sich nach Stimmlage des Sängers): C, D, G und A, und jeder hat im Raum seinen festgelegten Platz. Die Stellen merkt man sich, notfalls mag man sie auch markieren. Der Sänger und Zuhörer und Zuseher sitzen um den Aufführungsbereich herum. Der Tänzer eröffnet bei einem der vier Töne. Um an den gewünschten Platz zu gelangen, muß er im Kreis außerhalb des Spielbereichs gehen. Dann "tritt er auf" bei einem der vier Töne und wählt seine Wege. Kurze Pausen zum Nachatmen stehen dem Sänger selbstverständlich jederzeit frei, größere Pausen aber bestimmt der Tänzer, indem er einen der vier Tonbereiche ansteuert und dort den Aufführungsbereich verläßt: entweder um an derselben Stelle nach der Pause wieder einzusetzen oder um außerhalb gehend einen neuen Startton aufzusuchen. Der längste gerade Weg von G nach C ergäbe vermutlich Gesangsphrasen von sieben bis zehn Sekunden. Längere Phrasen erreicht der Tänzer also nur durch verschlungene Wege im Spielbereich (der Sänger wird reagieren durch biegsame entwickelnde Melodik) oder durch Zickzack-Richtungswechsel (der Sänger wird entsprechend eckig singen und auch ruckartig eckig die Ideen wechseln).

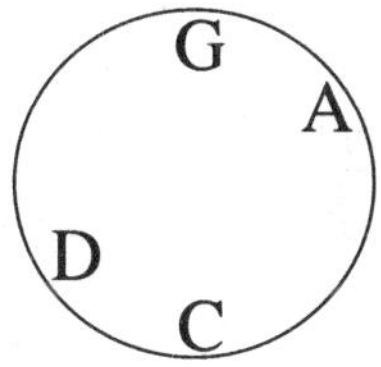

Bleibt der Tänzer im Zentrum des Spielbereichs, läßt er der Melodie freie Entfaltung. Er kann aber auch deutlich sein Interesse dem Bereich D zuwenden, D fast erreichen, kleine Drehungen und Verzögerungen einbauen und endlich bei D landen. Dann wird auch der Sänger D ansteuern und umkreisen, bis er hier landen soll.

Auf wiegendes fließendes Gehen des Tänzers mag der Sänger reagieren mit

eine straffere Gangart läßt ihm vielleicht einfallen

und schiebt sich der Sänger durch den Raum, rollend gleichsam, "ohne Beine", erklingt vielleicht

Beide Tänzerfüße angekettet, Kettenlänge 15 cm, ergibt wohl bei flottem Trippeln

und bei langsamen Schrittchen

Als Hauptvereinbarung aber soll gelten: Keine Schritt-Ton-Synchronität anstreben, nur den Charakter der jeweiligen Bewegungen umsetzen. Und der wird entscheidend auch durch Kopf, Arme, Hände, Oberkörper bestimmt. Deshalb sprechen wir ja von Tänzer, nicht von Geher.

Der Tänzer muß zuhören. Wie oft trägt derselbe Phrasenweg noch? Brauchen wir jetzt einmal ein langes Ausmusizieren? Wann ist die Spannung verbraucht? Singt er in festem Dur, sollen wir also bei C enden, oder ist sein Singen offener, dann führe ich ihn vielleicht zum Schluß zu D.

Der Sänger muß Phrasenbeginn und -ende präzise ausführen und den Bewegungscharakter im Ganzen zum Klingen bringen. Dies aber nicht durch synchrones Reagieren auf jede Ecke, jeden Hüpfer, jeden weichen Armschwung. Denn so käme nur ein großes Gebrülle unter den Umsitzenden zustande, und der Tänzer würde einen Gag nach dem anderen suchen. Melodiecharakter und Großform bestimmt der Tänzer, aber für die innermusikalische Ordnung (jetzt ziele ich auf eine Halbe Note; jetzt über *fis* nach *g;* jetzt auf die steigenden Takte fallend antworten...) ist allein der Sänger verantwortlich. Er bestimmt auch allein Tempo und Takt, dabei allerdings motiviert durch den Tänzer, und mag frei von taktgebundenem zu frei rezitierendem Singen wechseln. Alles in einem Wort: Getanztes nicht mit Tönen nachzeichnen, sondern übersetzen in musikalische Eigengesetzlichkeit. Dabei kann ihn aber der Tänzer auf Ideen bringen, die ihm allein vielleicht nie kämen. Tänzer: zu Beginn einmal lauter kurze Wege von und nach C. Sänger: Folge 1. Tänzer: hierhin und dorthin und immer weiter; wie ist der Raum so unendlich weit. Sänger: Folge 2. Tänzer: neugierig hin und her, alle Wirtshäuser mal ausprobieren, Blumen pflücken, rote, blaue, gelbe... Sänger: Folge 3.

①

②

③ *flott*

Tänzerideen für ein ganzes Stück:
Mehrfach lange Wege von C nach D und immer ganz kurze Rückwege von D nach C. Ende. -
C - D, D - C. C - G, G - C. C - A, A - C. C - G, G - C. C - D, D - C. Ende. -
Ein ganz schneller Weg von C nach G, und eine sehr lange Wanderung durch viele Landschaften von G zurück nach C. Ende. -
Alle Wege beginnen bei G, aber kurze wirbelnde führen zu G zurück, während längere Wege zu verschiedenen Zielen führen.

Variante 1:
Man kann einmal ausprobieren, daß mehrere gleichzeitig singen. Sie starten ja immer mit demselben Ton und finden sich bei allen Rastplätzen zusammen. Will der Tänzer die Gemeinsamkeit erhöhen, bringt er kürzere Phrasen.

Variante 2:
Zwei Tänzer, und jeder hat seinen Sänger. Diese müssen sich natürlich einig sein, wie C klingt. (Vor Beginn ansummen.) Durch deutliche Tänzer-Kontraste läßt sich ein ungeordnetes, undurchhörbares Durcheinander vermeiden: Ein Tänzer zieht lange Bahnen, der andere wirbelt ganz kurze Sternschnuppen durch den Raum. Oder: Ein Tänzer hängt beim G fest, der andere kommt nicht los von D, immer wieder kurze Phrasen von und nach D...

Variante 3:
Instrumente musizieren. Eine Flötengruppe etwa. Und als instrumentale Fassung von Variante 2 könnte ein Cello den Hauptttänzer begleiten, das Flötenensemble den "Sternschnuppentanz"...

Variante 4:
Auf einen gut führenden Sänger oder Instrumentalisten reagieren mehrere Tänzer. Dann muß zu Beginn ein langes C geboten werden als "Gongschlag" vor der Aufführung zur Bekanntgabe des Tonraumes. Phrasenanfangstöne müssen sehr lange klingen; geht es nun bei G los, müssen die Tänzer ja erst zu dieser Eingangstür gelangen. (Was für die Zuseher natürlich schon zur Darbietung gehört.) Und alle Phrasenziele sollten sehr deutlich angesteuert werden, damit die Tänzer auch geführt und nicht alleingelassen werden...

Die Lieder aus der Aichholzgasse

Die Lieder aus der Aichholzgasse

In Wien weiß man, daß in dieser Gasse ein Musikant lebt, der auf seine Sachen wenig achtgibt. So entdeckten Besucher in seiner Wohnung eine Kiste mit Keks- und Schokoladeresten, eine nicht ganz ausgetrunkene Flasche Wein verbreitete Feuchtigkeit, und in all dem Unrat lag ein schon recht mitgenommenes Buch mit handschriftlich eingetragenen Liedern. Der Versuch der Freunde, sie abzuschreiben und zu retten - unser Musikant selbst winkte müde ab und sagte, man solle sich doch selbst eigene Lieder machen -, stieß aber auf Schwierigkeiten, denn hier war die Melodie unlesbar geworden, dort der Text. Vielleicht aber können die Leser dieses Buches doch etwas mit dem wenigen anfangen und sich die Lieder wiederherstellen, gleichgültig, ob es dabei die alten oder neue werden, unser Musikant hat ja nichts dagegen.

Ein Licht im Haus

Das vorvorletzte Bier

(Hier folgen noch viele unleserliche Strophen.)

Heraus aus euren Betten

(Von der letzten Strophe ist nur der Anfang leserlich:
Am Abend ist die Sonne ‖: so müd wie ich :‖ und du.)

Erwachsen

Von diesem Lied ist nur noch der Rhythmus der Melodie erkennbar:

(Zum letzten Ton ist noch erkennbar, daß sich die Schlußsilbe auf keck und weg gereimt hat [Speck, Dreck, Fleck, Schreck, Gepäck???].)

Allein

Mancher lebt im Traume, im Traum das Glück aus ich-- und du, und baut doch, wenn der Tag anbricht, die Wege, alle Wege zu.

Setzt die Segel

(Zwar fehlt einiges vom Text, die Melodie aber war genau lesbar. Das merkwürdige Schwanken zwischen a-moll, C-dur und F-dur ist also nicht unser Übertragungsfehler, sondern war offensichtlich Absicht. Vielleicht muß man ja so weitherzig sein, wenn man die ganze Welt durchsegeln will.)

Kaffeee!

Das Kaffeeetrinken bringt den faulen, müden Sänger pro Kurzstrophe einen Ganzton höher, und sicher wird er auch das Tempo von Strophe zu Strophe steigern. Das Umsteigen in die neue Tonart muß ein wenig geübt werden in langsamem Tempo.

Die Frage ist jetzt: Wer in einer fröhlichen Runde bringt's am weitesten hinauf mit der Tassenzahl und der Tonlage? Die entscheidende Frage ist natürlich, wie viele sinnvolle Reimworte einem Dichter-Sänger-Kaffeetrinker außer Maus und hinaus noch einfallen und ob sich glaubhafte Steigerungsstrophen dazu dichten lassen.

Wieviel Zeit haben wir? Gut, eine halbe Stunde. Ich bin gespannt, wer die meisten Strophen schafft. Rhythmisch gibt es natürlich alle Freiheit, so wie wir ja schon die Triolen eingeführt haben. In Verlangsamung ist ebenfalls alles möglich. (Aus den vier Tönen bei "totgehetzte" könnte man, falls erforderlich, nur die Töne von "tot - hetz" nehmen usw.)

Wer "am höchsten kommt", erhält natürlich als Preis - eine Tasse Kaffee. Allerdings darf die Jury (jeweils alle übrigen) zu blöde Strophen abziehen.
Meine letzte Strophe hieße übrigens "Nach der zwölften Tasse Kaffee muß ich aufs Klo, und mit dem Trinken ist es aus". Aber wie ich auf 12 komme, verrate ich nicht.

Brigitte
An dieser Tragikomödie muß unbedingt weiter gedichtet und komponiert werden. Was wäre an Brigitte dran, wenn da mit *einer* Fassung alles gesagt wäre. Auf jeden Fall braucht man außer der Solostimme einen möglichst stark besetzten Chor für die Einwürfe.

2) Wie kenn ich diesen Süßholzton
so seufzten tollere Männer schon
da mach ich mich ganz cool davon
zum nächsten Angelteich

Nach einer solchen 2. Strophe könnte es natürlich so weitergehen:

3) Und schüttl' ich alle Netze aus
dann wird ein Männerchor daraus
das ausdruckvollste Chorkonzert
ja das beginnt sogleich:

4) Brigitte sag wann sehn wir dich
wann glaubst du uns wir lieben dich
treu sind wir alle ewiglich
wann wird dein Panzer weich?

Aber der Chor, der zu jeder Strophe eine neue Zeile singen soll, könnte auch schon im zweiten Vers kommentieren "Selber schlittert sie ins Netz hinein", tragisch weil sie selbst davon noch gar nichts merkt. Oder der Chor singt zum zweiten Vers "Heute wird es nichts, Herr Don Giovann". - Wenn Strophe drei aber mit dem Wort "Doch" anhebt, Brigitte reumütig zu Netz Nr. 1 zurückkehrt, beide in Strophe vier im selben Netz... Chorkommentar dazu "Amor kennt sich auch beim Fischen aus". Schluß jedenfalls nach der letzten Strophe bei ⓧ.

Zauberei

Städteraten

Wir zwei sind das Zauberteam. Mein Partner geht hinaus, die Runde überlegt, welche Stadt er raten soll. Also gut, Berlin. Herein mit ihm. Ich fange an, “Alle Vögel sind schon da” zu singen, breche nach dem zweiten Ton ab, Entschuldigung, ich bin schrecklich heiser.  Mein Gott ist das ungemütlich, setz dich doch. Also, jetzt laß mich endlich singen.

Hustenanfall meinerseits, ich pruste fürchterlich, atme tief durch, singe diesmal mit bedeutungsvollen Gesten beider Hände:

Erstaunt schaue ich meinen Partner an, und der grinst und sagt: in *Berlin* soll es die besten Apotheken geben, da hole ich dir was gegen Husten. Beifall in der Runde. Wie hat er das nur herausgekriegt? Ob ich mit den Händen Buchstaben gezeichnet habe? Nichts da, mein Partner hat einfach mitgezählt: 

und so weiter. Wichtig ist nur, die Runde abzulenken. Was kann man schon vermuten hinter einem Hustenanfall. Merkwürdige Zeichen in die Luft malen, bedeutungsvolle Akzente beim Singen... Eines machen die Partner noch aus: Für Ä, Ö oder Ü wird der Ton für A, O oder U mit besonderem Vibrato versehen, damit spart man sich umständliches Gesinge für AE, OE, UE.
Natürlich weiß mein Partner mit BERL... genug, Berlichingen wird wohl nicht gemeint sein. Also platzt er mit der Lösung heraus. Man kann die Runde aber auch zappeln lassen. Beklagt mein Partner sich über die Wärme, lockert die Krawatte oder zieht wortlos die Jacke aus und krempelt die Ärmel hoch, bedeutet das für mich: Er hat's geraten, spielen wir den Teufel. Also singe ich weiter bedeutungsvoll, setze einen Ton beim weiteren Singen in den Sand (viel zu hoch oder zu tief) oder breche weiterhin irgendwo ab... alles geschieht nur noch zur Irreführung der Runde. So können wir die Zauberei ein zweites Mal zelebrieren. Coburg soll er raten, kommt ‘rein, ich fange an:  , breche ab, sage: “Entschuldigung, ich muß mich konzentrieren, so geht es ja diesmal nicht. Ein anderes Lied.” Ich überlege angestrengt, fange endlich an mit “Süßer die Glocken nie klingen” .

Das war das O, das C hat mein Partner ja bereits im Speicher.
Noch eine Teufelei zur Verwirrung anwesender Intelligenzbestien: Die Buchstaben 1 bis 20, also A bis T werden in dieser Weise verschlüsselt. Die letzten Buchstaben U, V, W, X, Y, Z erhalten die Code-Zahlen 1, 2, 3, 4, 5, 6. Sie werden aber auf Text gesungen, natürlich so beiläufig wie möglich in unauffälligem Singsummen.

Wer ist es?

Mein Zauberpartner geht hinaus, die Runde beschließt, er soll Fritz raten. Partner herein, geht herum und schaut sich alle genau an, während ich vor mich hinsumme. Hier mein Gesumm und die Namen der Angeschauten.

Plötzlich ruft mein Partner, Elke lange betrachtend: "Nein, Elke kann es nicht sein, Fritz!" Keine Ahnung, wie er das erraten hat. Sollen wir noch einmal? Diesmal soll er mich aufspüren. Wieder geht er suchend, spähend umher, und ich begleite wieder mit Gesumm. An der mit ⬇ bezeichneten Stelle schaut er mir in die Augen, geht aber weiter in der Runde, kehrt dann aber zu mir zurück, erreicht mich bei ⇩, hört genau zu und sagt: "Ja, du bist's".

Keiner ist uns auf die Schliche gekommen, also ein drittes Mal. Verdammt, er soll diesmal sich selbst finden. Herein mit ihm, im Kreis herum, mehrfach. Sucht und sucht, rauft sich die Haare, Taschenspiegel und Kamm heraus, Haare wieder in Ordnung ⬇ , sucht noch eine Weile und zeigt dann bedeutungsvoll auf sich. Hier mein Gesinge mit Markierung der Spiegel-Kamm-Szene:

Des Rätsels Lösung? Beim ersten Male ist die fallende Sekunde das vereinbarte Signal, wird noch eine weitere Zauberei gewünscht, ist jetzt die fallende Terz Signal, beim dritten Spiel die fallende Quarte. Aber die kam und kam nicht, denn er schaute sich ja nie selbst an. Aber wir Profis sind darauf gerüstet. Damit er sich eben anschauen kann, hat er den Taschenspiegel bei sich. Hätte ich jetzt noch immer keine Quarte fallen lassen, wer weiß, vielleicht ein Bild an der Wand, aus dem jemand schaut...(Wer den Taschenspiegel zu auffällig findet, kämmt sich das Haar mit Blick in die Fensterscheibe.)

Die ganze Kunst ist dem Sänger aufgebürdet. Wie singt man denn so natürlich wie möglich "unter Vermeidung von"! Keiner darf der Singerei doch etwas Gekünsteltes anmerken. Eine Hilfe ist aber, daß jedesmal ein anderes Intervall ausgelassen werden muß, man erfindet einfach immer eine andere Art Melodie. Natürlich macht man dazu seine unbelauschten Einzelproben, bis es überzeugend klappt. Üben muß der Sänger, in jedem Augenblick das Signal-Intervall auf Bedarf bereitzuhalten. Nähert sich mein Partner dem, den er finden soll, steuere ich unauffällig die Melodietöne an, von denen aus sich Quarten gut heruntersegeln lassen...

Geld her!

Mein Partner kann versteckte Geldstücke suchen, aber natürlich nur dann, wenn er sie behalten darf. Raus mit ihm! Hier im Aschenbecher wird er es bestimmt nicht vermuten. Ein paar Zigarettenstummel werden sorgfältig darüber gelegt. Herein! Ich fange an zu singen, und was mein Partner aus meinem Gesang an Signalen erfährt, steht über den Noten. Ich singe pausenlos, markiere manche Intervalle auffällig, singe Spitzentöne, die meine Stimme eigentlich gar nicht hergibt (brauche ich sie als Signal?), singe plötzlich auf Text, dann wieder auf lalala. Crescendo, Fortissimo, Glissando - alles setze ich ein, damit die kleinen grauen Gehirnzellen der Anwesenden tüchtig zu arbeiten haben. Und da hat mein Partner den Aschenbecher im Visier, wühlt darin herum, zieht das Geldstück heraus, stolz, aber doch traurig darüber, daß es wieder einmal nur eine schäbige kleine Münze ist. Aber sie gehört ihm. Wer von euch findet den Trick heraus?

Unser Signal ist der Auftakt! Aber wir müssen gut aufeinander eingespielt sein und zusammen geübt haben. Eindeutig sind Auftakte von einem oder drei Achteln. Schwieriger ist es mit einem Viertel und mit zwei Achteln: Da entscheidet die melodische Führung, ob sie auftaktig zu verstehen sind. Eindeutig auftaktig sind aufwärts springende Viertel wie bei vielen Volkslied*anfängen* ("Auf auf zum fröhlichen Jagen", "Ich hab mich ergeben", "Es geht eine dunkle Wolk"), aber mitten in einem Lied gibt es Probleme:

Der Text macht solche Fälle klar, und wenn man auf lalala singt, muß eben ein auftaktiger melodischer Impuls spürbar sein. Drei Achtel und ein Achtel bleiben die klarsten Auftakte, und wir Zauberpartner bevorzugen im übrigen auftaktige Sekundschritte. Als kleine Hilfe wird vor dem Auftaktton ein wenig geatmet!

Faustregeln also nochmals: Möglichst eindeutige Auftakte aus einem oder drei Achteln. Andere Auftakte durch auftaktigen Text klarmachen oder durch kurzes Atmen vor dem Auftakt. Andere Auftakte möglichst mit Sekundschritt nach trennendem Sprung.
Aber noch schwerer hat es der Suchpartner! Er erhält ja in jedem Takt nur eine einzige Information, darf also nicht zu schnell suchen, weil ich mit dem "richtig oder falsch" nicht nachkommen kann. Also denkt und handelt er (unauffällig) taktweise: Taktgeste - richtig - Taktgeste - falsch - Taktgeste - richtig, schnell ein paar Schritte, hier mitten im Zimmer kann ja nichts sein...

Geburtstag am 17. 9.

Mein Partner ist toll, er errät jeden Geburtstag, nur die Jahre kann er nicht herausfinden, die sind für ihn zu schwer, obwohl sie doch alle mit 19.. anfangen. Aber 11. 3., 27. 10.: Kein Problem für ihn. Raus mit ihm, einer in der Runde verkündet seinen Geburtstag: 17. 9. Partner herein. Er schaut mich durchdringend an, und ich beginne zu singsummen, einzelne Töne bedeutungsvoll hervorhebend, andere mit Gesten unterstreichend. Er schüttelt den Kopf, ich breche ab, beginne eine andere Melodie in anderem Takt. Aha, so wird es gehen. Schon auf Empfang - meldet er und beginnt mit langsamen Schritten hin und her zu wandern. Plötzlich höre ich mit kräftigem Akzent auf zu singen und ermahne ihn zu mehr Einsatz. Er wolle sich ja konzentrieren, sei übrigens schon bald fertig. Wieder summe ich, und wieder tappt er grübelnd herum - wieder höre ich auf und sage: "Du schaust so bedeutungsvoll, ist etwas?" "Jawohl", sagt er, "der 17. 9. ist der glückliche Tag".
Ich glaube, daß die Leute unseren Trick beim zweiten Versuch herausfinden, aber einmal wird es klappen. Unser Zaubertrick: Wenn er beginnt herumzuwandern (langsame Schritte bitte!), zähle ich die Schritte mit und höre präzise bei Schritt 17 auf zu singen, am besten genau mit seinem siebzehnten Auftritt. Nach ablenkendem Gespräch marschiert er weiter, aber nun wandert er nur noch zwischen 1 und 12 Schritte, bis ich wieder abbreche und ihn frage, ob er denn endlich...

Leicht ist die Sache für den Geher. Er zählt am besten mit den Fingern - linke Hand: 1 bis 5, rechte Hand: 6 bis 10 usw. -, dann kann er sich auch noch unterhalten. Aber das Singen erfordert große Raffinesse. Der Sänger muß vor dem Gehen anfangen, denn vielleicht muß er ja schon bei Schritt Nr. 1 abbrechen. Und am leichtesten ist es, wenn er in einem Tempo singt, in das der Geher einsteigen kann:

Die grauenvollen Lied- und Tonartwechsel sollen natürlich die Runde in die Irre führen, ebenso mein Wechsel von Singen zu Summen, von laut zu leise usw.
Viel besser aber kann man die Runde täuschen, wenn es einem gelingt, Singtakt und Schrittempo auseinanderzuhalten. Muß man dazu ein Strawinsky werden? Man soll einmal versuchen, nur das eigene Singen als Tempo zu erleben und isoliert davon mit unsichtbaren Fingern handweise 1 bis 5, 6 bis 10 usw. zu tippen. Ist das Singtempo sehr deutlich anders als das Gehtempo, gelingt das nach wenig Übung:

Da nun aber der Sänger anfängt, muß der Geher sein Schrittempo deutlich genug absetzen. Allerhand muß er unternehmen, um die Aufmerksamkeit abzulenken. Plötzlicher triumphierender Blick zu mir, dann wieder hilflose Gesten mit beiden Armen, auf einmal irgendeine Zahl mit den Fingern beider Hände in die Luft halten (aber nicht darüber nachdenken, denn im Kopf werden ja Schritte gezählt).

Zaubertrick Nr. 2:
Müssen wir das unbedingt noch einmal machen? Na gut, aber ihr werdet bestimmt dahinterkommen. Aber denen werden wir's zeigen, beim zweiten Male greifen wir nämlich in eine andere Zauberkiste: Ich bin Nr. 1 und das Zählen geht links herum. Schnell habe ich die Runde durchgezählt und weiß, daß ich bei der zweiten Begegnung Nr. 13 bin (12 sitzen in der Runde) und mein zweiter linker Nachbar die 15 ist. Jetzt zählen nämlich nicht die Schritte (die aber diesmal natürlich besonders nachdrücklich gesetzt werden), sondern die Köpfe in der Runde, ich bin Kopf 1, mein linker Nachbar 2, später bin ich 13...
Liegt der Geburtstag also über 13, kann ich beim ersten Kreisen ganz arglos irgendwo hinschauen und muß nicht bemerkbar Köpfe zählen.
Haben die anderen immer noch nicht genug, kommt beim dritten Male wieder Trickkiste Nr. 1 an die Reihe, und so kann's lange gehen...

Hörspiele

Die große Reise

Wir führen ein Hörspiel auf. Dabei sprechen nur die Personen, die in der Handlung wirklich sprechen. Alles was geschieht, muß aus den Geräuschen verständlich werden, die man hört. Die Personen in der Runde - nehmen wir an, es sind zwölf - haben jede ihre Nummer, und in einer Partitur steht von Nummer zu Nummer verzeichnet, welche Person oder welches Tier oder Geräusch jeder im Augenblick darstellt. Ist man wieder an der Reihe, hat man sicher eine ganz andere Aufgabe. Die Personen des Hörspiels bleiben also nicht an feste Sprecher gebunden. Um so deutlicher müssen alle Sprecher den Typ einer Person treffen. Manches an der Geschichte wird mehrdeutig bleiben, denn man kann nicht alles mit Geräuschen ganz eindeutig zeigen. Aber ein bißchen Geheimnis soll bleiben. Hier steht nun aber nur der Anfang einer Geschichte, es ist doch am schönsten, sie sich selber weiter auszudenken.

1	Uhr	(schlägt 7 oder 8)
2 }	Mutter	(Fertigmachen zum Schulweg,
3 }	Katrin	Butterbrot, Abschied)
4	Treppe + Tür	
5 }		(Autos, Hupen, Bremsen,
6 }	Straßenlärm	Polizeisirene, Ampel - Stille,
7 }		dann wieder Krach...)
8, 9	Marktgeschrei	(Waren anbieten, heute billiger...)
10	Katrin	(biegt ab von Straße auf Weg, Straßen-
11, 12	Straßenlärm	lärm leiser, der Weg immer holpriger,
1, 2	Vögel	Vögel im Wald, seltsamc Rufe
3	Katrin	(Katrin spricht mit dem Schwan, möch-
4	Schwan	te so gerne mitfliegen, er willigt ein,
5	Sonne	Flug an Regenwolken vorbei zur Son-
		ne. Gespräch. Zu heiß. Weiter fliegen.
6	Katrin	Falsch gelandet, denn die Erde
7, 8	Afrikaner	dreht sich!)
9	Katrin	(Sie bettelt um nochmalige Reise,
10	Schwan	Schwan sucht richtige Richtung)
11, 12	Leute im Land *Übermorgen*	
1- 5	Geräusche im Land *Übermorgen*	
6	Katrin	(beschließt, nach rückwärts in Richtung *Heute* zu laufen, Geräusche allmählich übergehend in Markt, Straße...)
7	Mutter	("So spät kommst Du nach Hause!")

Der Kommentar am Rande ist natürlich nicht ausreichend, dient nur zur Erinnerung an die Situation. Ist Katrin brav oder ein bißchen keck? Wie schleicht oder hüpft oder rast sie die Treppe hinunter? Nr. 10, Katrin vom Schulweg abbiegend Richtung Wald: Was spricht sie da vor sich hin? Der Wald muß immer merkwürdiger werden, vielleicht kann man es an den Vogelrufen erkennen, die immer exotischer werden. Ein Schwan, der sprechen kann, aber eben etwas schwanisch. Sonne: Da fehlt mir die Idee, bitte ausdenken, ob sie vor Hitze zischt oder sanft strahlt, melodisch... 6 - 8: Katrins Gespräch mit den Afrikanern ist natürlich hoffnungslos, aber Schwan 10 war schon einmal da... Für 11, 12 und 1 - 5 jetzt frei für alle Fantasie. Wie klingt es in *Übermorgen?* Erfreulich oder grauenvoll? Katrin 6 weiß jetzt den Weg, deshalb kann der Schwan verabschiedet werden. Geräusche 1 - 5 kommen allmählich auf die Anfangsgeräusche zu, aber mag sein, daß schon später Abend ist, kaum ein Auto, vielleicht schlägt eine späte Stunde. 7 Mutter aus dem Fenster schauend oder hilflos die Straße absuchend...

Mir ist die Geschichte noch zu harmlos. Ob Katrin sich noch einmal aufmacht, vielleicht kauft sie sich ein Lexikon der übermorgischen Sprache? Oder ob sie mit dem Schwan bespricht, daß dann ja in anderer Richtung *Vorgestern* liegen müßte? Vielleicht wird in *Vorgestern* gerade das Einmaleins ausgedacht, doch sie kommen nicht zurecht damit, aber Katrin weiß natürlich...

Dann bei der Rückreise ein Unglück, zu lange in *Vorgestern* gewesen, die uralte Frau ist... ihre Mutter?? Aber so darf's nicht ausgehen, Wecker klingelt, Katrin erwacht, alles nur geträumt, aufstehen, höchste Zeit. Butterbrot, ab in die Schule, Treppe herunter, Schluß. (Zuhörer bleiben in der schrecklichen Ungewißheit, ob das ganze wieder von vorne losgeht.)

Übrigens: Auch für gute Geräusche braucht man gute Musikerohren. Und vielleicht singt die Sonne? Und die Leute von *Übermorgen,* alles vielleicht in spitzem staccato gesungen?

Daß sich Stimmen und Geräusche bei einer Hörspielaufführung immer im Kreise der Ausführenden herumwälzen, muß einen besonders komischen Effekt machen. Dabei geht die Kreisbewegung ja nicht gleichmäßig vonstatten. Auf einmal beginnen drei Akteure gleichzeitig mit Straßenlärm; ein Akteur bleibt, während bereits neue Geräusche einsetzen, noch für eine Weile im Dialog; manche Rollen sind kürzer, länger, extrem kurz (die Treppe, die Katrins Herunterhüpfen wiedergibt). Weniger kurios, aber dafür leichter einstudierbar ist dagegen eine feste Rollenvereinbarung. Nun kann sich jeder ja viel intensiver hineinleben und auch Hilfsmittel ausdenken zur besseren Geräuschdarstellung. Aber dabei sollte jeder Realismus vermieden werden. Wer sich für das Wasserplatschen wirklich einen Topf Wasser holt, nimmt dem Spiel den ganzen Witz und Phantasiereichtum. Lieber soll er ein Wasser-Sprach-Virtuose werden mit Ptsch- - - - , Plitsch, Platsch, Bdlupluplup, Dudeldudeldudel...

Hier ein anderer fürchterlicher Hörspielanfang, notiert für eine 15köpfige Truppe. Hauptrollen bleiben, andere Spieler vereinen mehrere kleine Rollen auf sich.

Ein kleines Versehen

1 Vertreter einer Arzneiherstellerfirma geht Gang entlang in der Uni, sucht Raum von Professor Riesenkopf, trifft Hausmeister 2.
Er erklärt ihm, der nichts versteht, daß der Herr Professor doch bitte ein noch in Erprobung befindliches Medikament für gewisse hormonelle Korrekturen prüfen möge; hier ist der Raum, Pillendose wird auf's Pult gestellt, Vertreter ab; Hausmeister räumt auf, Tafel, Papierkorb.
3 - 9 Studenten beiderlei Geschlechts betreten nach und nach den Hörsaal (Hausmeister dann ab), Platz suchen, gähnen, Begrüßungen, "wo warst du denn in den Ferien", Stories...
10 Assistentin kommt vorbereiten. Studenten fragen: "Was gibt's denn heute?" Sie: "Zum Anwärmen des Semesters mal 'was Lustiges". Holt eine Pillendose herbei, übersieht natürlich die schon bereitstehende.
11 Professor tritt mächtig auf, man verstummt. Ja, einen Tierbetäubungsversuch kündigt er an, weist auf die Harmlosigkeit hin, eine Pille betäubt ein Tier, aber der Mensch würde nur eine kleine Müdigkeit spüren. Assistentin wird geschickt, die beiden Äffchen 12/13 zu holen. Fröhlichkeit der Studenten.
Austeilung der - falschen - Pillen, während der Professor sich aus der richtigen Pillendose versorgt und auch die Äffchen füttert. Die hören bald mit ihrem Geschnatter auf, werden müde, Studenten begeistert. Professor doziert Kluges dazu, und da bemerkt die Assistentin das Vorhandensein zweier Pillendosen. O weh, wozu dient denn welche? Wieviel war denn hier drin, wer hat denn von welcher... Professor wird ebenso aufgeregt wie müde, und seht die Äffchen... wir dreie haben offenbar... Also Terror bei den Studenten.
Hausmeister 2 her, wird geholt und zur Rede gestellt, die Studenten haben doch gesehen, wie er... Also berichtet er Groteskes, Mißverstandenes über die Pillen der Firma Pillosan, die ein Vertreter...
Jetzt vor allem die Studenten 3 - 9, deren Stimmen sich in ganz kleinen Schritten verändern. Wer als Fritz und Hans angesprochen wird, also Mann ist, spricht allmählich merkwürdig hoch, während Elisabeth und Dagmar merkwürdig tief sprechen und auch auf einmal Ausdrücke verwenden, die...
Als Kontrapunkt in Pausen hinein hin und wieder schläfriges Gemurmel professoral und äffisch, komisches Trio. Assistentin rast, einen Prof. Dr. med. vom Nachbarhörsaal aufzutreiben, kommt mit Kollege, 14/15, wieder will der Haumeister 2 alles erklären.
Da treten die Studenten in Aktion, Männer jetzt in hoher Lage, Frauen mit Baßstimme (oder so bassig wie eben möglich), 14 und 15 entsetzt über die Frechheit, ihre wertvolle Zeit mit solchem Unsinn... Wie können Sie, Herr Kollege, derartiges... aber 11 träumt und lallt, die Äffchen streichelnd,...

Und wie geht die Geschichte weiter, oder hört sie schon auf? Oder wie wäre es, wenn Dagmar und Hans, die sich schon vorher als Paar zu erkennen gegeben hatten, in zärtlichen Dialog verfallen, daß so die Liebe vielleicht noch viel wunderbarer... Oder die Pillen erweisen sich als noch nicht ganz ausgereift: Ins Falsett der Herren mischen sich vereinzelt, dann immer öfter, Vogelrufe, ins Brummen der Damen hündische, wölfische Laute, Bärenbrummen, bedrohlich. Ängstlich flattern die Vogelherren davon, während die wilden Damentiere... Und wenn alle weg sind, verraten der Professor und die beiden Äffchen mit leiser, langsamer Stimme, wovon sie eben träumen. -

Eine Nacht im Uhrenmuseum

Chef: Wie ist das still hier. Nein so etwas, nur fünf Tage verreist und alle Uhren stehengeblieben. Na komm her, du große. Rrrrrk, Rrrrrk, Rrr - so.

Uhr 1: Beng- - - - - - - - - - Bong- - - - - - - - - - Beng- - - - - - - - - - Bong- - - - - - - - -

Chef: So, noch stellen: fünf vor acht.
Na und du - nein das ist ja lustig, genau um zwölf bist du stehengeblieben.
Rrk, Rrk, Rrk, Rrk, Rrk, Rrk

Uhr 2: Dim- - Dim- - Dim- - tuck, tock, tuck, tock

Chef: Haha, mitten im Stundenschlag hast du's aufgegeben, neun Schläge noch geschafft, dann war's aus mit der Kraft. Stellen nicht vergessen: vier vor acht.
So und jetzt du, komm her, kleine. Rik, Rik, Rik.

Uhr 3: DingDengDingDengDingDengDingDeng

Chef: Jetzt ist es - - drei vor acht. - Hallo Kuckuck, ausgeschlafen? Los, heraus aus dem Bett. R - - - R - - - R - - - R - - - R - - - R - - - R - - - R - - -

Kuck: Tu tu Tu tu Tu tu

Chef: Huch, so ein kleiner Kuckuckskasten, und eine halbe Stunde lang muß man dich aufziehen. Brauchst wohl besonders viel Futter, großer Vogel. Noch stellen: zwei vor acht. Fertig. - So, dann erzählt euch mal wieder was, ihr lieben Alterchen. - Aber so ein Staub in fünf Tagen, der muß noch weg.
Sch - - - - Sch - - - -Sch - - - - Sch - - - - Sch - - - - Sch - - - -Sch - - - -

Uhr 1: Bouu - - - - - - - - Bouu - - - - - - - - Bouu - - - - - - - - Bouu - - - - - - - -
Bouu - - - - - - - - Bouu - - - - - - - - Bouu - - - - - - - - Bouu - - - - - - - -

Uhr 2: Dim - - Dim - - Dim - - Dim - - Dim - - Dim - - Dim - -Dim - -

Uhr 3: PiiPiiPiiPiiPiiPiiPiiPii

Kuck: Kuk$_{\text{kuk}}$Kuk$_{\text{kuk}}$Kuk$_{\text{kuk}}$Kuk...

Chef: Gut gemacht, viermal acht Uhr auf die Sekunde genau, bravo. Aber was ist denn mit dir, bist du krank, armer Kuk? Kannst nicht mehr richtig zählen? Das waren doch erst dreieinhalb. - Da wollen wir mal den Doktor spielen. Komm her und dreh dich um. Gehäuse auf. Was klemmt denn da zwischen den Zähnen? Heraus damit.

Kuck: kuk Kuk kuk Kuk kuk Kuk kuk Kuk kuk

Chef: Wieder gesund, na wie schön. Nun schlaft mal schön, meine Lieben. Morgen heißt es wieder "Uhrenmuseum geöffnet". Da dulde ich keine Fehler, kein Stehenbleiben und kein kuk, verstanden? Ade! (Ab, Tür zu. Die vier Uhren ticken die ganze Zeit weiter, jede in ihrem eigenen Ton und Tempo. Aber plötzlich hören sie gemeinsam mit dem Ticken auf. Stille. Im folgenden spricht jede Uhr in ihrem Tick-Tonfall und -Tempo.)

Uhr 1: Ich - - - - - - - - ha - - - - - - - - be - - - - - - - - es - - - - - - - - satt - - - - - - - - Beng - - - - - - - - Bong - - - - - - - -

Uhr 2: To - - - tal - - - lang - - - wei - - - lig - - - tuck - - - tock - - -

Uhr 3: ImmernurgeradeausmarschierenDingDeng

Kuck: Und ich muß je de Stun de Kuk kuk sa gen , a ber es gibt gar nichts zu guk ken

Uhr 1: Wo - - - - - - - - sind - - - - - - - - die - - - - - - - - an - - - - - - - - de - - - - - - - - ren - - - - - - - - Beng - - - - - - - - Bong - - - - - - - -

Uhr 2: Die - - - lie - - - gen - - - doch - - - da - - - im - - - Schrank - - - tuck - - - tock - - -

Uhr 3: SchlüsselwiewardasnochrechtsherumDingDeng

Kuck: Kuck nur al le noch da Tu tu

Uhr 5: Gu - - - gu gu ten - - - ten ten Ta - - g Tag Tag

Uhr 6: Neinwie wardas lange weilig immer nurim Schrankzu liegen

Uhr 7: End klik lich klik ist klik ja klik mal klik was klik los klik

Uhr 8: Vievievie lenlenlen Dankdankdank. Nettnettnett vonvonvon EuchEuchEuch. (Die Uhren 1 - 4 reagieren tiefbewegt durch zehn Sekunden Ticken.)

- - - - - - Ja wie? Weiter, jetzt geht es doch erst richtig los. - Eben, aber bitte selber ausdenken. Was wir jetzt haben: Vier Uhren, deren Ticken und Stundenschlagen klingend vorgestellt sind, sowie vier nicht ganz intakte Uhren, deren fehlerhaftes Ticken auch eingeführt ist. Insgesamt zwölf Signale für das Who is who also, die im weiteren natürlich streng eingehalten werden müssen. Was wäre als weitere Handlung möglich? Hier nur ein paar Ideen zur Anregung der eigenen Phantasie:

A) Die Schubladen-Uhren wollen zuerst einmal erfahren, was denn alles inzwischen passiert ist. Die Kollegen 1 bis 4 erzählen, aber natürlich aus Uhrensicht, was Uhren eben so interessiert. Eine der Schubladen-Uhren stellt dabei immer wieder komische Fragen, aber die anderen verstehen das: Sie liegt ja schon hundert Jahre kaputt in der Schublade und weiß wenig von der neuen Zeit.

B) Eine gesunde und eine kranke Uhr verlieben sich zärtlich, vielleicht die beiden Leichtgewichte 3 und 6. Als Trauzeugen könnte man die würdigsten Herrschaften 1 und 5 wählen, und nach vollzogener Trauung gibt es ein ohrenbetäubendes Geklingel, bei dem man dann auch die Klingelweise von 5, 6, 7 und 8 hören könnte.

C) Die Uhren beschließen im Kampf gegen die Langeweile eine Reise nach *Nachmittag*, aber da muß man erst einmal hinkommen. Durch viel Stundenschlagen muß sich die Mannschaft keuchend hindurchkämpfen, und es dauert natürlich besonders lange, bis Kollege 1 ankommt!
D) Sie wollen die Kollegin Kirchturmuhr besuchen, der Kuckuck nimmt sie einzeln auf die Flügel, und es gibt ein großes Erzählen. Also brauchen wir noch einen Akteur mehr. Und dann sagt die Kirchturmuhr: Aber jetzt muß ich läuten, Sonntag abend ist es doch, fliegt schnell wieder nach Hause, sonst zerspringt euch das Trommelfell. Alle wieder ab durch die kalten Winde, und dabei erkälten sie sich alle. Schon husten sie fürchterlich, jede natürlich in ihrem eigenen Tick-Ton und Tick-Tempo.
(Und noch ein Ratschlag: Beim Dialog Uhr 1 besonders kurze Sätze geben. Bei dem Redetempo...)

Improvisations-konzerte

Glockenkonzert

Alle sitzen im Kreis. Wer musizieren will, steht auf und setzt sich, wenn er aufgehört hat, sogleich wieder hin. Keine stehenden Pausen. Stets sieht man also, wieviele gerade musizieren. Jeder ist eine bestimmte Glocke, solange er steht und musiziert. Hat er sich gesetzt, kann er das nächste Mal eine andere Glocke sein. Hier einige Möglichkeiten:

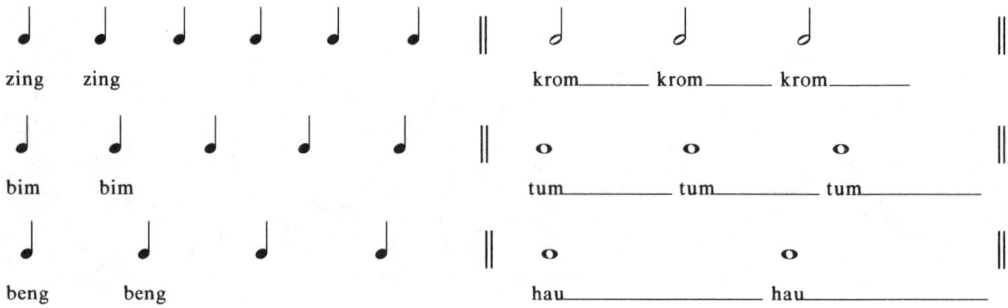

Zing und bim sind natürlich hohe Töne, beng und krom klingen in mittlerer Lage, tum wäre ein tiefer Ton und hau ist kaum noch Ton, mehr ein dumpfes Geräusch. Damit kann man jetzt großen Krach machen, aber auch ein spannendes, differenziertes Glokkenkonzert. Jede Glocke hat ihren eigenen festen Abstand zwischen den Schlägen. Das gibt Probleme für die Aufführung, aber auch sehr reizvolle Möglichkeiten. Am leichtesten sind natürlich Zeitverhältnisse wie 1 : 2

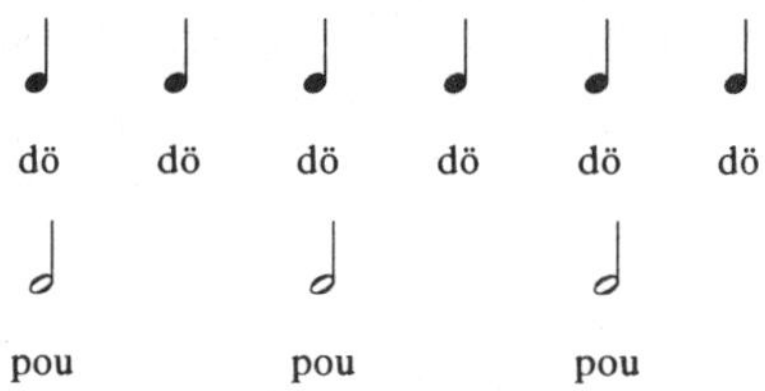

Setzt einer aber gegen eine bereits spielende Glocke ein nur ganz wenig größeres oder kleineres Zeitintervall, so hat nicht nur er es sehr schwer, sein Tempo beizubehalten, er irritiert auch die erste Glocke. Sie gerät in Gefahr, sich ins andere Tempo hinüberziehen zu lassen. Um dies zu vermeiden, wird ihr Spieler sein "etwas schneller" oder "etwas langsamer" übertreiben, um sich abzusetzen. Hier haben wir z. B. ungefähr 7:6.

Man hilft sich am besten durch eine Hand- oder Kopfbewegung (bei mittelschnellem Zeitmaß), eine Oberkörperschwingung (bei langsamem Zeitintervall) oder das Spiel zweier Finger (bei schneller Folge). Den Spieler der gefährlichen Nachbarschaft nicht ansehen, bis man die Irritation überwunden hat. Hier einige Situationen, die sich bei einem Glockenkonzert ergeben könnten. Es kann gut sein, sie durchzuspielen, damit man diese Gestaltungsmöglichkeiten bei einer freien Aufführung kennt und kann und dadurch mit größerer Leichtigkeit einsetzen wird:

1) Zwei sehr langsame dunkle Glocken mit geringem Tempounterschied, pausenlos. Dazu Einwürfe einer plappernden sehr hellen Glocke. Diese macht viele kurze Pausen, setzt sich, steht wieder auf... So sieht man zugleich, was man hört.

1a) Kurz nach Beginn jedes dieser Einwürfe schnattert eine noch hellere, schnellere Glocke los, hat aber stets keine Lust mehr, wenn die andere pausiert. Eifersucht zweier Glöckchen.

2) Glocke nach Glocke setzt ein, und keine hört auf oder unterbricht, bis alle zusammen ein volles Tutti spielen. Jetzt hören sie nacheinander auf, aber in unberechenbarer Reihenfolge. Kein Zuhörer ahnt voraus, welche als letzte übrigbleibt.

2a) Ähnlich wie 2), aber jetzt so, daß eine ganz tiefe beginnt und alle weiteren jeweils etwas schneller und heller tönen. Diesmal ein regelmäßiges Aufhören, die tiefste zuerst, die hellste bleibt als letzte. - Macht vielleicht nicht so viel Spaß, ist zu regelmäßig.

3) Also gut. Machen wir einen Abschnitt totales Chaos. Immer nur das machen, womit keiner rechnen kann. Drei Glocken setzen zugleich ein, aber das tun sie nie mehr wieder. Eine neu einsetzende Glocke macht das Tempo einer anderen Glocke genau mit, hört dann auf und macht das nie wieder. Einmal hört man nur ganz helle Glocken, aber so eine Farbeinheitlichkeit stellt sich nie wieder ein. Auf einmal überwiegen kurze Einwürfe, das Tongewebe wird löchrig, es gibt einige Generalpausen, aber danach nie mehr wieder...

4) Concerto grosso, Barockmusik von zwei Emporen: Einige Glocken musizieren. Blickkontakt einiger anderer Spieler: "jetzt los". Gemeinsam setzen sie ein, die anderen verstummen. Nach einer Weile setzen die ersten, nun auch als Gruppe, gemeinsam wieder ein. Tutti. Später einmal kurze Wechselrufe beider Gruppen mit Pausen dazwischen.

5) Variation der Schlägel und Klöppel. Harte Anschläge vielleicht mit tim, peng, kuu (mit viel Luft gestoßener Anfangslaut), sehr weiche auf uuu (mit gedachtem h davor, den Vokal also nicht aus vorher verschlossener Kehle herausschießen), bei einer besonders tiefen Glocke auf mmm entfaltet sich der Ton erst allmählich, es gibt gar keinen hörbaren Anschlag. Manche Glocken verändern ihren Ton auch während des Klingens. ö...u. Ein sehr offenes ö, nicht wie "König", sondern wie "Köln", und den Mund ganz langsam umformen zu u. Das geht natürlich nur bei langen tiefen Tönen. Während einer Probe richtet die Gruppe ihre Aufmerksamkeit also einmal bewußt auf Anschlagsarten und Toncharaktere. Einmal alle ähnlich, einmal alle Möglichkeiten

gleichzeitig, einmal nur die äußersten Gegensätze gegeneinander gesetzt...
6) Tonlagen. Sehr nahe liegende Töne sind ebenso schwer durchzuhalten wie sehr ähnliche Tempi. Aber das gibt uns ein gutes Gestaltungsmittel. Einmal musizieren alle im Klangbereich einer großen Sekunde, also z. B. zwischen den Tönen *f* und *g*. Einmal üben wir ein Konzert in Pentatonik. Der zuerst einsetzende Ton, egal wer es ist, gilt als Ton *c*, und hinzutreten dürfen nur die Töne *d, e, g* und *a*. Einmal musizieren nur drei recht gegensätzliche Glocken, und alle neu einsetzenden kriechen ganz dicht an eine von ihnen heran. Dann haben wir drei ganz ähnliche helle, einen dichten Haufen mittlerer und vier Brummer...
7) Konzert mit Uhr, eine Stunde lang. Vor der Aufführung absolute Stille! Einer ist die Turmuhr und schlägt elf. Stille. Jetzt erwachen die Glocken, und es gibt ein Konzert. Der Turmuhrspieler mischt sich auch ein, aber nicht mit dem charakteristischen Turmuhrklang! Und irgendwann erhebt sich der Turmuhrspieler, der vorher eine längere Pause gemacht hatte, bedeutungsvoll und schlägt zwölf. Entweder erhebt er sich, wenn gerade Stille ist, oder seine ersten Schläge treiben die Glocken in ihre Betten zurück. Natürlich sollte der Turmuhrspieler mit den gewichtigen zwölf Schlägen in einem Augenblick einsetzen, wenn gerade nur hellere Glocken musizieren, damit er seine wichtige Rolle auch gebührend deutlich machen kann.
8) Drei Dörfer von weit. Eine Glocke in Kuhstedt spielt und endet. Lange Pause, ihre Töne müssen ja weit über Felder und Wiesen rollen bis ins ferne Allenbach. Jetzt hat's die Glocke dort gehört und antwortet. Ebenso lange dauert es, bis ihre Antwort hier eingetroffen ist. Rufe und Gegenrufe über viele Kilometer. Und auf einmal kann man nach noch längerer Pause gar über die Berge ganz leise die Glocke von Leutershaus hören. Bald kann der Hörer die Dörfer erkennen, denn die Wanderung der Glockentöne zwischen Kuhstedt und Allenbach dauert immer dieselbe Zeit, Leutershaus aber ist viel weiter weg. Dann sagen sich Kuhstedt und Allenbach gute Nacht, nach langen Pausen aber noch mehrere Rufe vom fernen Leutershaus. Eine ganz unschuldige, aber anrührende Klangszene.
9) Da drängt sich ja nun als nächstes auf: Hamburgs Innenstadt hat mehrere Hauptkirchen, und jede meint natürlich, sie sei die wichtigste. Und sie stehen dicht beisammen! Jede demonstriert, wie wichtig sie ist, redet und redet und keine hört den anderen zu...
10) Da fällt mir eben ein, und diese Idee regt mich richtig auf: Ich würde ein Glokkenkonzert gern in einer Gruppe, die sich gut versteht, ohne Blickkontakt musizieren. Wir schließen die Augen, bevor wir anfangen, und erst wenn jeder spürt, daß das Konzert zu Ende ist (nicht gleich bei jeder Pause), öffnen wir wieder die Augen. Wir stehen jetzt natürlich nicht auf zum Läuten. Vielleicht setzen wir uns auch weiter auseinander, nachts auf einer Wiese. Beim Nichtsehen müssen die Ohren ja viel sensibler wahrnehmen. Und Nähe und Ferne zu den anderen spürt man nur im Klang. Jetzt kann man sich suchen und finden, begrüßen und freuen und verabschieden, einsam sein, in der fröhlichen Gruppe sich wohlfühlen, Heimweh haben...

Klaviertheater

Wir wollen eine Nummer aufführen am Abschlußabend einer Musikwoche oder in der Schulaula am Tag vor den Ferien oder zur Feier des 50jährigen Bestehens unseres Männerchores (wir alle waren vom ersten Tag an dabei...) - also eine brillante, gut gelaunte, lustige Nummer. Aber wir müssen üben, sonst bleibt's bei einer Gaudi, die nur den Beteiligten Spaß macht.
Sänger sind Klaviertasten, jeder ist ein Ton. Sie stehen in gerader Linie, wie Klaviere nun einmal gebaut sind, und halten den rechten Arm ausgestreckt, alle schön waagerecht. Das sind nun also die Tasten, auf denen die große Pianistin oder der große Maestro spielen wird. Er oder sie geht, hüpft, schleicht, rast auf und ab und schlägt an, Tondauer solange er die betreffende Taste berührt. Gerät er sehr in Ekstase, wird er die Tasten schon ein wenig nach unten schlagen und nicht nur berühren. Die Tasten gehen möglichst schnell wieder in die Waagerechte zurück. Anschläge zwischen zärtlich sanft und wild werden vom Tastensänger natürlich durch entsprechende Lautstärke wiedergegeben. Aber wir sind ja viel lebendiger als ein starres totes Klavier. Wechselnden Tastendruck bringen wir natürlich mühelos zum Klingen. Warum einen herzzerreißenden langen Ton nicht so spielen und singen:

Schlägt er gar mit beiden Händen abwechselnd, muß der Sänger mit 

sein Zwerchfell trainieren. Männergruppe? Dann haben wir vielleicht so viele Tasten, falls gute Tenöre vorhanden sind, falls nicht, geht es auch: Es ist dann eben ein Flügel mittlerer Qualität:

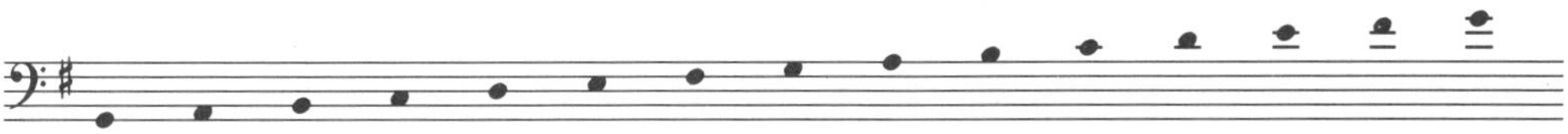

Natürlich kann man auch einen falsettierenden Baß fürs höchste *g* einsetzen, für ganz ernsthaft zu spielende äußerst komische Höhepunkte der Kantilene.
Die Sänger haben die gar nicht so einfache Aufgabe, sich ihren Ton während der ganzen Aufführung zu merken und spannungsmäßig stets einsatzbereit zu bleiben. Jede "Taste" hat ein Pappschild um den Hals hängen; wie soll der arme Pianist sich sonst orientieren können. Und das Publikum soll ja auch vorausahnen können, zu welchem Ton er jetzt hinaufeilt.

Ich nehme an, daß man als Spieler eine Quinte gerade noch mit ausgestreckten Armen zusammen anschlagen kann. Natürlich kann man nur ein- und zweistimmig spielen und letzteres auch nur in engem Tonabstand. Diese Stelle aber müßte z. B. gut liegen:

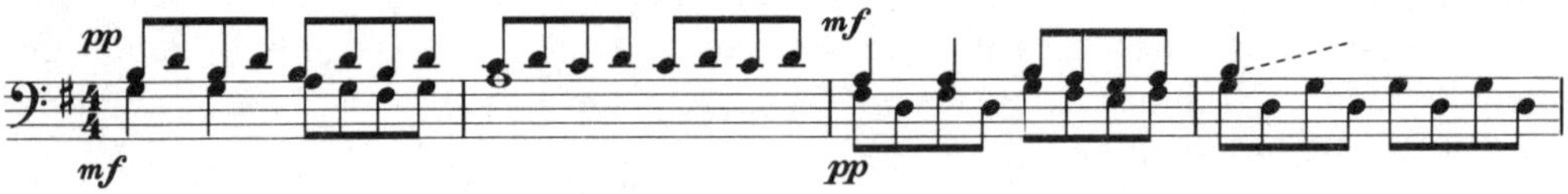

Wenn der Pianist das letzte *h* der Melodie mit tiefem Bedauern abreißen muß, um den Baß ordentlich weiterzuspielen, hat er mit Sicherheit schon einen guten Lacher. Will er aber Szenenapplaus und hat er flotte Beine, mag er diese Stelle in sein Stück einbauen:

Und ein schöner Schlußeffekt für den langsamen Satz müßte sein, dieses innig und legatissimo anzuschlagen:

Natürlich geht das gar nicht legato, aber unser Pianist wird sich unglaublich strecken für die tiefempfundenen Sexten und den abschließenden Hundertmeterlauf.
Einige Delikatessen des Vortrags werden nur Notenkundige mit gebührendem Verständnis genießen können. Einige unserer Tasten haben ein kleines Podest vor sich, und der große Pianist wird diese Tastenpersonen gelegentlich mit der Hand hinaufführen. (Oder nur eine vereinbarte, aber für das Publikum gut sichtbare Geste "bitte hinauf".) Sogleich hängen sich diese Tastenmenschen das zweite Tonschild um, das sie hinter dem Rücken versteckt mit der linken Hand bereithielten.

auf dem Boden stehend  auf dem Podest 

Nun kann also auch gespielt werden:

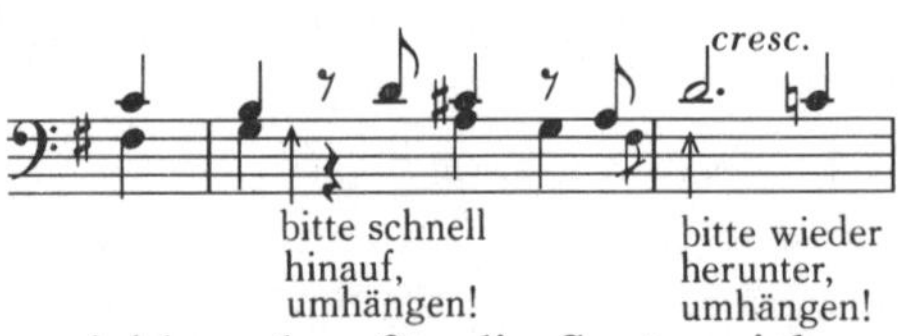

Das letzte *fis* nur als kurzer Vorschlag, leider, aber für die Sexte reichen die Arme nicht. Vielleicht denkt sich der Pianist noch eine Kantilenendelikatesse aus, dann muß auch Sänger *g* noch Podest und Zweitschild bekommen. Und die Stelle muß geübt werden, unvorbereitet schafft Taste *g/gis* das nicht:

Sänger *h* erhält ein Bänkchen zum Niederknien, denn unser Meister will sicher nicht verzichten auf diese schöne Stelle:

Der Reiz solcher Handlungen liegt natürlich darin, daß Notenkundige schon voraussen, "aha, jetzt gleich kommt g-moll!"
Was, Sie wollen auch noch ein rechtes Pedal, Pianist? Fordern Sie nicht zuviel! Aber vielleicht geht es so: Neben dem tiefsten Ton steht noch jemand mit Pappschild [Ped.]. Wird sein ausgestreckter Arm angeschlagen, bleibt dieser heruntergedrückt - deutlich sichtbar -, bis unser Künstler ihn wieder emporhebt. (Jede "Taste" sieht natürlich, daß der Pianist Pedal betätigt und wie lange.) Also wird auch folgende Stelle spielbar:

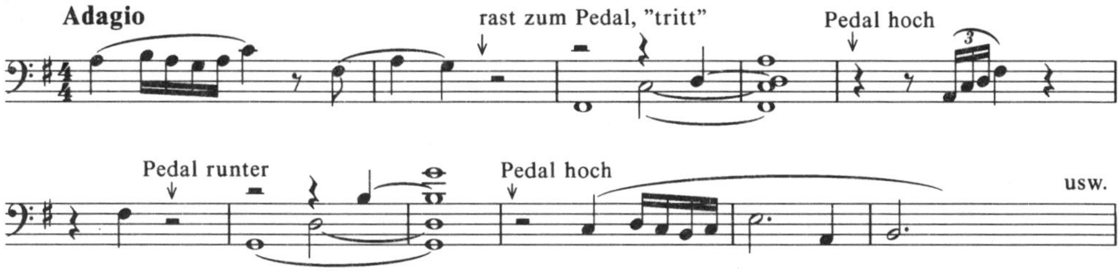

Natürlich wird unsere Aufführung nicht wie normale Musik gehört. Für einige Zeit reicht die Kuriosität unseres Klaviers. Dann aber müssen gut dosiert die zusätzlichen Gags eingebaut werden. Einmal ein Streck- und Zerreiß-Legato, wie z. B.

Braucht man die nächste Überraschung und den nächsten Lacher, kommen empfindungsvolle Kreuze, später eine Pedalstelle, dann einige knie-nieder-*Bes,* schließlich als Ausdruckshöhepunkt die dynamische Verlebendigung langer Töne durch sichtbar wechselnden Tastendruck. Gegen Ende vielleicht eine virtuose Stretta. Wird das meiste auch von einem geschickten und gut studierten Pianisten (Trockenüben unbedingt erforderlich!) mit "unstudierten Tasten" improvisiert werden können: Gemeinsames Proben ist doch zu empfehlen. Kann "er" eine Oktave nicht im Legato, ist das herzlich komisch. Holpern aber die Sechzehntel, so wäre das nur peinlich, das gibt's nicht im Kabarett.
Noch einmal: Das Klavier muß zirkusreif perfekt funktionieren, irrsinnig komisch ist nur und darf nur sein die Unangemessenheit von Spieler und Instrument. Einheitliche

Kleidung der Tasten (unten schwarz, oben weiß) ist zu empfehlen, Maestro natürlich feierlich gekleidet.

Gibt es Frauen- und Männerstimmen gemischt, fände ich es wenig reizvoll, den Damen die hohen Töne zu geben wie an sich normal. Viel kurioser wird es, wenn die Besetzung unregelmäßig durcheinandergeschüttelt wird, so daß auf tiefes *g* von Mann tiefes Frauen-*a* und -*h* folgt, dann tiefes Männer-*c*, -*d* und -*e* usw. Effektiv gibt es dann gar keine Tonleiter, sondern Sprünge, spannungsmäßig aber dennoch ein Ansteigen von relativ sehr tief nach relativ sehr hoch. Durch diese Oktavlagensprünge können unsere Kantilenen nur noch komischer klingen. Natürlich gebe ich hier kein Stück vor, das gespielt werden soll. Die Mühe, dieses selbst zu erfinden, gehört doch zum Hauptvergnügen der Sache.

Nun kommt noch die Ouvertüre. Nach der Ansage muß unser Flügel auf die Bühne gezogen und geschoben werden, er ist ja wahnsinnig breit und sicher (obwohl man nur die Tasten sehen kann) wahnsinnig schwer. Also erscheint nach zwei Ziehern die Tastenreihe in winzigen Trippelschrittchen, man hat ja Räder, keine Geh-Beine. Und 2 bis 3 m hinter ihnen kommt noch ein Schieber, der keuchend Luft (das Flügelende) schiebt. Mitten auf der Bühne wird ein wenig gedreht.

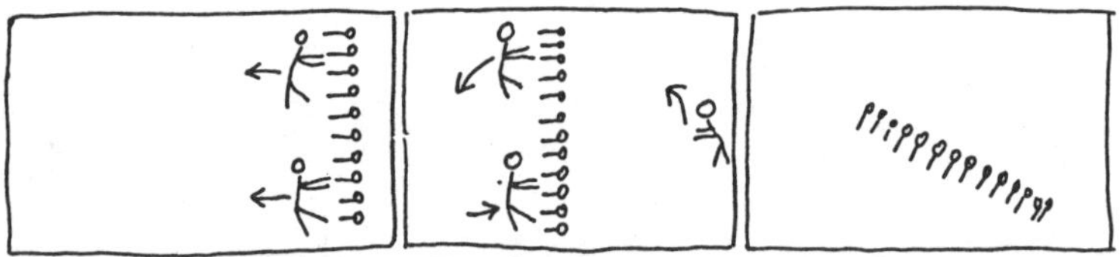

Auftritt von Ziehern und Tasten — Der Schieber wird sichtbar, und jetzt wird noch gedreht — Endposition, Arbeiter ab.

Und der Schluß. Einfachste Lösung: Pianist verbeugt sich, das Klavier wird selbsttätig und singt - jetzt alle miteinander - ein paar schmetternde G-dur-Klänge unter heftigem Tastengeklapper. Aber reizvoller ist ein böser Schluß: Das Klavier wird während des Konzerts unwillig (an vereinbarter Stelle natürlich) und fängt an zu protestieren. Dazu muß natürlich ein Anlaß bestehen. Vielleicht verbohrt sich unser Pianist in eine Wendung, die immer öfter auftaucht, die Musik zur Erstarrung bringt und den Hörern wie den Tasten auf die Nerven geht. Wupp, da geht eine Taste von selber los (Arm auf und ab und kurzer Ton), bald eine andere, dann immer mehr. Und nun haben wir zwei Möglichkeiten. Entweder die gespielten Tasten funktionieren noch korrekt und werden nur bald von den Stör-Tasten übertönt. Oder aber auch die angeschlagenen Tasten wollen nicht mehr gehorchen; sie lassen falsche Töne hören und deformieren auch die Tonqualität. Wimmern, Jaulen, Glissando auf und ab, im Pedal liegen bleiben (Arme unten)... Der Pianist wird wild, versucht, seine Macht zu erhalten, aber wild wird auch das Klavier. Die Tasten geraten aus der Reihe, nähern sich bedrohlich dem Klavierspieler, fallen über ihn her und schlagen ihn tot. Liegt er reglos da, stellen sich die Tasten rasch wieder in Reihe auf, lächeln und verbeugen sich artig.

Kerzen anzünden

Ein Spielleiter wandert und zündet klingende Kerzen an. Er wandert durch ein Haus, ein Schulgebäude mit Fluren und Treppen, eine Kunsthalle mit großem Treppenhaus und mehreren Ausstellungsräumen, einen größeren Veranstaltungssaal mit Aufgang zu höher gelegenen Stuhlreihen oder Emporen, einen Kirchenraum, den Kreuzgang eines Klosters; aber warum nicht auch einen verwinkelten Weinkeller... An vielen genau vereinbarten Stellen stehen Sänger als "Kerzen" bereit, unterhalten sich nicht, sondern warten stumm darauf, entzündet zu werden. Vielleicht sind gar keine Zuhörer da, dann sind die Aufführenden zugleich Zuhörer. Gibt es aber auch Zuhörer, dann sind die Kerzensänger am besten durch besondere Kleidung kenntlich. Die Zuhörer mögen nach Belieben stehen oder umhergehen.
Der Spielleiter besucht die Kerzen und entzündet jeden einzeln, indem er ihm zusingt, wie er brennen soll. Drei Möglichkeiten: a) einen Ton, b) mehrere Töne, aus denen die Kerze beliebige Motive erfinden darf, c) ein ausgeformtes festes Motiv. Dabei wird der Einzelton mit darbietender Geste der rechten Hand "überreicht", ein Zweitonmaterial durch zwei Überreich-Gesten ("ich gebe dir das und gebe dir auch noch das"). Anders ein Motiv: Es ist *eine* feste Sache. Ich würde es mit einer Achtung-Geste vorstellen. Erhobener "Paß- auf-Zeigefinger", oder Finger gespreizt, Zeigefinger aber auf Daumen aufgesetzt - wie es für den Spielleiter am natürlichsten kommt. Jeder Kerzensänger macht ausgiebige Pausen zwischen seinen Haltetönen oder Motiven, atmet in Ruhe nach, hört in den Raum und antwortet auf alles, was von dort tönt. Kommt der Spielleiter erneut zu einer brennenden Kerze, so gibt er ihr entweder ein anderes Licht (Möglichkeit a, b, c), oder er löscht sie aus, dieses durch eine dankende Verbeugung. So wird der Saal oder das Haus zum Klingen gebracht, das sich langsam verändert in mehrfacher Hinsicht:
A) Veränderung des Gesamtklanges: Überall wird zunächst nur ein einziger Ton entzündet, dann werden die Kerzen nach und nach umgestimmt, weitere Töne treten also hinzu, frühere Töne werden ausgelöscht usw. Hier ein solcher Ablaufplan:

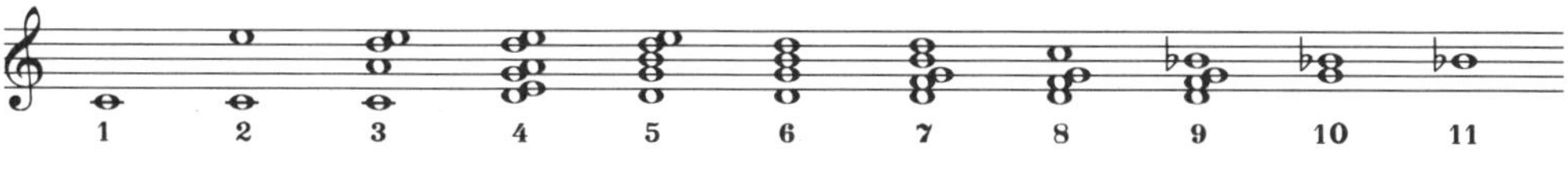

Natürlich kann man auch einfach *einen* Klang auf- und abbauen. Im gegebenen Plan dagegen ist mit Auf- und Abbau eine Klangverwandlung verbunden. Keiner der Töne von Station 9 war bei Station 3 bereits im Klang.
B) Raumstruktur: Vom Portal aus wird der Flur im Parterre entzündet, sodann das zentrale Treppenhaus und dann der obere Flur. Nun wird aber das Zentrum des unteren Flures ausgelöscht, dann das Treppenhaus, dann das Zentrum des oberen Flures, so daß nur noch vier weit entfernte Stationen leuchten, die isolierten Fluren-

den unten und oben. Reizvoll ist diese Situation natürlich weniger bei Dauertönen (man hört einander zu wenig), sondern eher bei durch große Pausen getrennten Rufen. Wieder wird das ganze Haus entzündet und schließlich von oben nach unten und von außen nach innen ausgelöscht, bis endlich die letzte Kerze am Portal erlischt. (Dies nur als ein Beispiel. Aus der jeweiligen räumlichen Situation muß man sich einen Plan einfallen lassen.)
C) Wandernde Kerzen: Vielleicht ist im ganzen Haus nur das fahle Licht der leeren Oktave entzündet. Jetzt aber schickt der Spielleiter aus einem fernen Kerzenzimmer zahllose Wanderkerzen auf die Reise, etwa jede mit einem Zweitonmaterial zu beliebiger rhythmischer Gestaltung, und eine Klangflut ergießt sich durch die Räume. Später muß der Spielleiter dann entweder alle Wanderkerzen aufspüren, um sie wieder zu löschen, oder es gilt die Vereinbarung: "Du bekommst diese zwei Töne für sieben Minuten". Am besten würde solches natürlich den Zuhörern deutlich durch Übergabe sehr kleiner Kerzen an die Wanderer. Ist ihr Licht abgebrannt, verklingt das Singen. Hier ein Dispositionsbeispiel: Stationäre Oktave: 

Acht Wanderkerzen: 

Für alles bisher Geschilderte kann gelten: Jeder Sänger hält Kerze und Feuerzeug bereit und zündet an, wenn der Spielleiter ihm Aufgaben zuteilt. Er löscht das Licht, wenn der Spielleiter sich dankend vor ihm verneigt. Bei Zuteilung einer neuen Aufgabe an einen Singenden wird dieser natürlich unterbrechen, um genau wahrzunehmen, was jetzt angeboten wird; die Kerze brennt dann weiter. So kann ein zunächst dunkles Haus nach und nach erleuchtet werden, und die Besucher werden mit dem Hellerwerden ins Haus geleitet. So können die wandernden Hörer am Ende einer Aufführung in einen bestimmten, als einzigen noch beleuchteten Raum gelockt werden, in dem dann vermutlich weitere Darbietungen stattfinden nach Erlöschen der letzten Kerze und Einschalten des Saallichts.
Die Sänger sollten nicht unterschätzen, wie schwer es ist, Tonhöhen über lange Zeit festzuhalten. Aber auch der Spielleiter muß dies wissen und bedenken. Er darf seine Kerzen nicht terrorisieren: Öfteres An - Aus, Materialwechsel!
Zuhörer werden gern mit dem Spielleiter wandern (was macht er jetzt?), aber dabei hören sie nicht optimal. Immer stehen dann die Wechsel zu krass im Zentrum ihrer Aufmerksamkeit. Reizvoller ist es, lauschend eigene Wege zu wandeln, hier und da stehenzubleiben, vom Hellen ins Dämmrige zu wandern, ins Helle zurück und jetzt einmal ins ganz Dunkle. Vielleicht ist das ferne Klanggeschehen hier besonders eindrucksvoll.
D) Dynamik: Der Spielleiter kann "Holz nachlegen" oder das Licht drosseln. Dazu wird vereinbart: Die rechte Hand übergibt Tonmaterial. Die linke dagegen kann mit besänftigender Geste "bitte leiser" anzeigen und mit gespannter, auffordernder Geste größere Lautstärke. Möchte der Spielleiter eine Klangveränderung (offenes kräftiges

a, mit offenem Mund gesungenes ng, Summen auf m usw.), wird er solches als neue Zuteilung zusingen. Es müssen sich bei neuer Zuteilung also nicht immer die Töne ändern, manchmal wechselt auch nur die Singweise.
Der Spielleiter sollte nicht improvisieren. Von seinem jeweiligen Platz aus kann er überhaupt nicht beurteilen, wie lebendig das Raum-Klang-Geschehen im Ganzen ist. Das läßt sich nur komponierend am Schreibtisch gestalten, einen präzisen Raumplan vor Augen. In ihn trägt man alle festen Positionen ein, z.B. I = Parterre, I r = Parterre rechts, Tr = Treppe, II l = oben links usw. Unten links stehen also der Reihe nach I l 1, I l 2, I l 3, I l 4 usw. Die herzustellende "Partitur" des Spielleiters verzeichnet dann entweder jede seiner Aktionen, oder sie faßt auch verbal in Gruppen zusammen. Hier ein mögliches Beispiel für einen Ausschnitt:

20.05 unten von Mitte nach außen links 

20.07 rechts 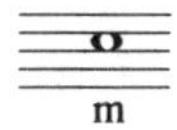

20.09 Treppe 1 - 6 aufsteigend die Rufe 

20.13 oben an alle  Jeder erhält ein anderes Metrum!

20.20 unten alles auslöschen von außen nach innen, erst rechts.

Unendliche Variationen des Prinzips sind möglich. Setzt man zwei Spielleiter ein (Uhrenvergleich vor Beginn), können die Ereignisse dichter gefügt werden. Verzichtet man ganz auf Spielleiter, braucht jeder die Partitur, in der er sich seine Aktionen markiert. (Nun kann jeder das Ganze verfolgen.) Oder man schreibt jedem seine Einzelstimme heraus, alle haben genaue Uhren und agieren selbständig. Mir scheint aber die Version mit einem Spielleiter doch eine reizvolle Möglichkeit. Er geht nach oben, Zuhörer bleiben unten, wissen aber, daß sich gleich oben etwas ändern wird... Man schmeckt die Speisen voraus, die aufgetragen werden.
Der Spielleiter soll seine Kerzen nicht anstrengen. Sollst du den Ton *e* aushalten und ich f, haben wir beide es schwer. Erhalten wir aber beide zwei Töne, um aus ihnen immer neue Motive zu erfinden, wird das für uns sehr viel leichter. Jetzt können wir unsere Phantasie voll einsetzen, können mit langsamen zweitönigen Rufen beginnen und uns dann immer mehr hinaufschaukeln, gegenseitig animieren, nachahmen oder bewußt unterscheiden. Fängst du deine Rufe immer mit *e* an, beginne ich immer mit *f*. Verliebst du dich immer in eingebaute Tonwiederholungen, bleibe ich immer im Tonwechsel und legato. Und vielleicht finden wir nach einigen Minuten zusammen: Abwechselnd singen wir nur noch langes *e* mit ganz kurzen Wechseln zum *f*... Man kann sich gut vorstellen, daß die Zuhörer ihre Freude haben werden an solch einer Geschichte einer Zweierbeziehung. So etwas muß natürlich geübt werden; der Spielleiter muß ja bei Komposition seines Ablaufplans sich darauf verlassen können, daß

wir etwas Spannendes aufbauen können. Und jeder Kerzensänger muß den Gesamtplan kennen und bedenken. Vielleicht vereinbart man, daß sich das Klingen in den ersten 12 Minuten ganz ruhig entfalten soll, lebhaftere Aktivität sich dann aufbauen soll bis Minute 18, dann Beruhigung und allmähliches Auslöschen.
Kerzen anzünden ergibt eine Musik langsamer Veränderungen und kaum merklicher Klangverwandlung. Eine schlechte Aufführung kann aber unerträglich werden, wenn die Kerzen in pausenloser Aktivität tönen. Nur ein Ton, nur zwei Töne, nur ein Motiv: Man erlebt lauter "nur". Das wichtigste ist also die Gelassenheit der Kerzensänger. Jeder Ton, jedes Motiv, das ausgesandt wird, braucht seine Nachklangzeit, seine Wanderungszeit bis zu dem entferntesten Kerzenplatz. Aber die Kerzensänger dürfen in ihren Stillezeiten zwischen den Rufen nicht Pause machen, gleichsam "ihre Butterbrote auspacken". Sie hören gespannt in den Raum, empfangen Botschaften von nah und fern und überlegen, wie sie ihren nächsten Ruf fassen wollen. Diese gespannte Konzentration mag sich auf Besucher übertragen, die sonst bei falschem Kerzenverhalten das Ganze als Spielerei auffassen und sich störend verhalten, sich angenehm unterhalten bei leisem Hintergrund-Geklinge.

Echo von den Bergen

Unser Tal ist von hohen Bergen umgeben. Alles was wir singen, klingt uns von den Bergen zurück, oder sagen wir so: Es bleibt einige Sekunden in den Bergen hängen. Das führen wir vor. Wir setzen uns im Kreis. Zunächst üben wir Echozeit. Da alles Gesungene von den Bergen mehrfach hin- und hergeworfen wird, erhält auch ein kurzer Ton eine lange Echozeit. Und es dauert stets einige Sekunden, bis wir Gesungenes im Echo hören. Ein gesungener Ton ist als Echo also erst etwa drei Sekunden später hörbar, lebt dann aber etwa fünf Sekunden lang. Einer in der Runde singt also einen Ton, und alle in der Runde setzen als Echo etwa drei Sekunden später ein und lassen den Ton etwa fünf Sekunden lang klingen. So bei einem kurzen gesungenen Ton. Singt der Vorsänger aber lange Töne, bleibt es beim Einsatzabstand von drei Sekunden, die Echosänger müssen aber beobachten, wie lange der Ton gesungen wird, denn nach Ende des Singtones muß das Echo noch fünf Sekunden tragen. (Täler sind weiter oder enger, die gegebenen Zeiten kann eine Gruppe auch anders festsetzen.) Haben wir uns geeinigt, eingesungen auf Einsatzabstand und Echodauer, geht es los.

Jeder ist einmal der einsame Bergsänger, singt eine ruhige Melodie, genießt dabei die Pausen, in denen nun nur das Echo klingt, macht auch so lange Pausen, daß man das Echo verklingen hört und Stille eintritt. Und bei jedem Ton zeigt er auf einen in der Runde, der diesen Ton als Echo tragen soll. Singt er ein Hin und Her zweier Töne, benötigt er nur zwei Echosänger: Derselbe Ton, mehrfach kurz hintereinander angesungen, wird im Echo ein sehr langer Ton werden. Die schönste Wirkung entsteht, wenn er nicht Melodien singt, sondern durch Pausen getrennte Rufe aussendet. Er mag beim Singen bedenken, welchen Gesamtklang er haben möchte: Bei Fünftonfolgen wird man ja einen Fünftonklang im Echo hören, dessen Töne nacheinander verklingen. Den gewünschten Echosänger sieht der Vorsänger schon beim Ansetzen des betreffenden Tones an, gibt dann vielleicht noch ein zusätzliches Zeichen ("übernimm du bitte den Ton"), denn auch die Echotöne sollen in aller Ruhe und stimmlich gut vorbereitet einsetzen. Nicht jeden Ton muß er dabei ins Echo geben. Er mag also auch kurze Verbindungstöne, Girlanden in sein Singen einbauen, die das Echo "überhört". Vielleicht ruft er bei den folgenden Phrasen also nur die mit Zahlen markierten Töne auf. Das Beispiel rechnet mit acht Echosängern:

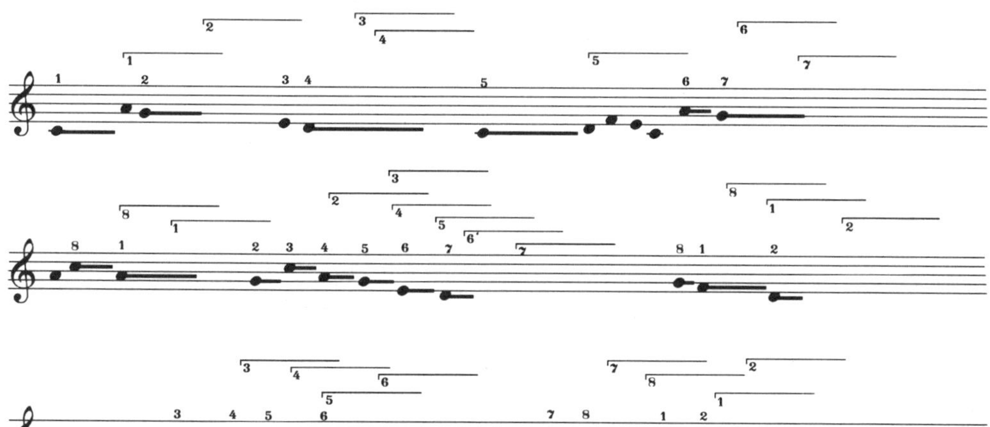

Richten wir uns auf einen so großen Echoabstand ein, dürfen wir nicht zu nahe beieinander sitzen. Sonst wäre es doch albern, daß mir der Sänger einen Ton zuweist, ich ihn aber noch nicht nehme. Auch unsere Gruppe muß also Weite suggerieren. Im obigen Gesang hätten gern größere Pausen genommen werden können. Nie trat Stille ein.

Natürlich kann unser Bergsänger auch Melodien oder Rufe im Takt singen (das Echo wird das Rhythmische dann verschwimmen lassen). Für die Echosänger aber wird es dadurch unnötig schwer. Sie sollen ja nicht Takt abmessen, sondern Einsatzabstand und Echodauer realisieren. Es liegt nahe, daß ein Sänger viel zu viel entwickeln will. Reizvoll aber sind Echogespräche aus ganz wenigen Tönen und mit vielen Wiederholungen. Im Echoklang ist ja doch alles verwandelt. Man scheue sich also nicht vor ganz einfachen Ruffolgen, und niemand sei zu schüchtern und der Meinung, er habe nicht genug Phantasie. Hier ein ganz einfaches Echogespräch: (Das Echo ist nicht notiert.)

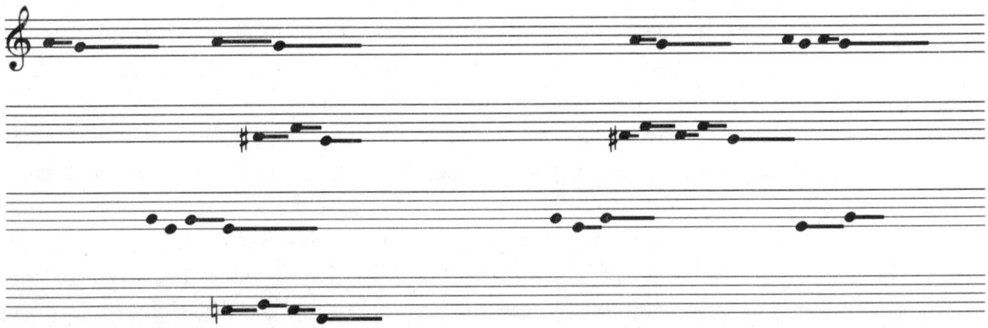

Vielleicht ist der vereinbarte große Einsatzabstand für die Echosänger zu schwer. (Einen Ton merken, während der Sänger schon weitersingt.) Vielleicht wirkt es so auch zu gekünstelt im Raum. Dann lassen wir die Echos eben einfach schneller auf den Gesang folgen.

Und jetzt reisen wir aus den Bergen zurück, sind im Raum, aber die Wände des Raumes geben Echo zurück. Alle (hoffentlich sind wir zwanzig Personen, sonst gelingt es nicht attraktiv) stellen sich in gleichem Abstand an den Wänden auf, und jeder darf einmal mehrere Runden gehen, laut singend. Er kümmert sich überhaupt nicht um die Echopersonen, teilt keine Töne zu, singt einfach wandernd vor sich hin. Die Echopersonen schnappen den Ton auf, den der Wanderer in ihrer Nähe gerade singt, halten ihn mehrere Sekunden aus und lassen ihn dann langsam verklingen.

Von Berg zu Berg

Variation zu "Echo von den Bergen"

Ich steige vom Tal aus auf den linken Berg hinauf, du auf den rechten. Wir mögen uns und grüßen uns durch mit kräftiger Stimme ausgesandte Rufe. Einer ruft, der andere antwortet, indem er den Ruf wiederholt (ich habe dich gut verstanden) oder durch eine reizvolle Variante wachsen läßt wie eine Pflanze, die eine neue Blüte bekommt. Oder er erfindet einen ganz anderen Ruf als Antwort. Dann kann es sein, daß im Hin und Her jeder auf seinem Ruf beharrt, die Unterschiede sich gar noch vergrößern oder eine allmähliche Annäherung zu hören ist, ein verliebtes "Ich wende mich dir zu, hörst du, ich komme, einige Schritte noch, dann können wir uns umarmen". Eine Geschichte also kann hörbar werden, die einen Anfang, eine Entwicklung (Verwicklungen auch) und ein Ende hat. Vielleicht ist sie nach zwei Minuten zu Ende oder bleibt in Entwicklungsschritten, überraschenden Sprüngen, in Entfernung und Rückkehr, bockigem Nein, zärtlichem Vielleicht, schnippischem "ich kann's besser" usw. für zehn Minuten spannend. Ende als Finden oder als endgültiges Verlieren oder als Suggestion immer größerer Entfernung durch Leiserwerden bis zur Unhörbarkeit. Oder einer mag nicht mehr, sagt sein letztes Wort und läßt den anderen noch einige Male vergeblich rufen, nur sein Echo bleibt ihm noch. Traurig verstummt auch er und sein Echo nach ihm.

Die beiden Rufer stehen sich in großem Abstand gegenüber, und jeder hat links und rechts neben sich Echorufer, die aber nicht die eigenen Rufe aufnehmen und nachklingen lassen, sondern die des fernen Rufers. Was du da in der Ferne rufst, höre ich hier um mich herum als lange nachklingendes Echo. Meinen Ruf sende ich aus, entweder wenn das Echo hier verklungen ist oder schon ins Echo hinein.

Jede Echogruppe muß sich nun organisieren. Wer rechts außen steht, nimmt den ersten Ton des fernen Rufers auf, der linkeste den letzten. Aber wieviele Töne hat ein Ruf und wie lange wird er dauern? Der Rufer wird es seiner Echogruppe anzeigen. Mit ausgestrecktem Arm macht er einen großen Bogen von unten links hinauf, oben die Mitte anzeigend und rechts herunter bis zum Ausgangspunkt. Nehmen wir an, es gibt 12 Echosänger auf beiden Seiten unserer Gebirgslandschaft, so besorgen je drei von ihnen einen Viertelkreis, "eine Viertelstunde" der Stundenuhr:

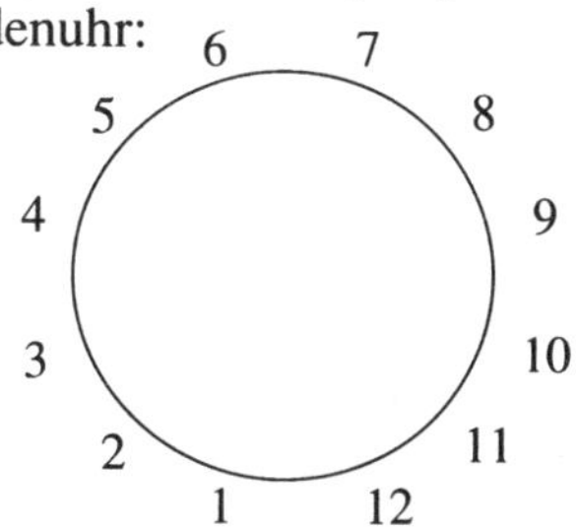

Jeder setzt also an seiner Kreisstelle ein mit dem Ton, der im Augenblick erklingt.

Durch Schnelligkeit oder Langsamkeit seiner Kreisdrehung zeigt der Rufer an, wie lange sein Ruf dauern wird. Kurze, mittlere oder lange Rufe können also aus nur einem Ton, einigen oder vielen Tönen bestehen. Natürlich muß der Rufer die Anzahl der Echosänger bedenken. In unserem Falle können in einem Viertelkreis seiner Zeituhr nicht mehr als drei Töne gesungen werden. Hier einige Rufe, und ich empfehle jedem, der bei einer Aufführung Rufer sein möchte, sich viele weitere zu notieren, um seine Phantasie in die gegebenen Möglichkeiten hineinzulenken:

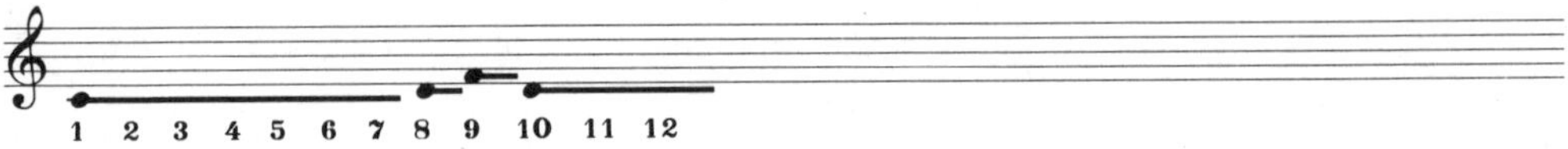

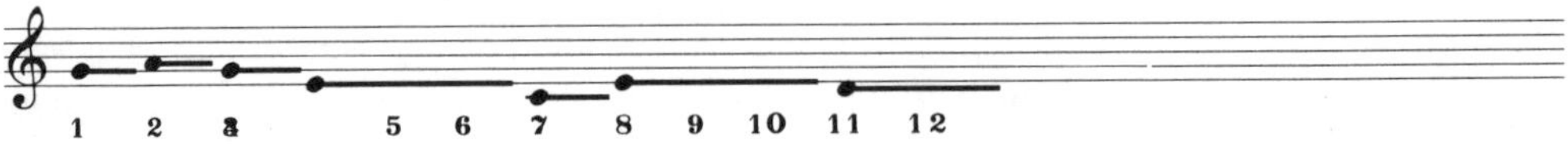

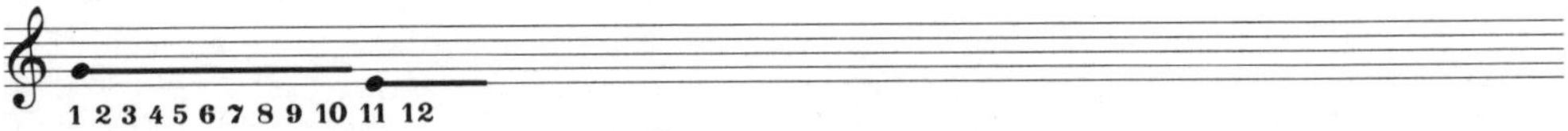

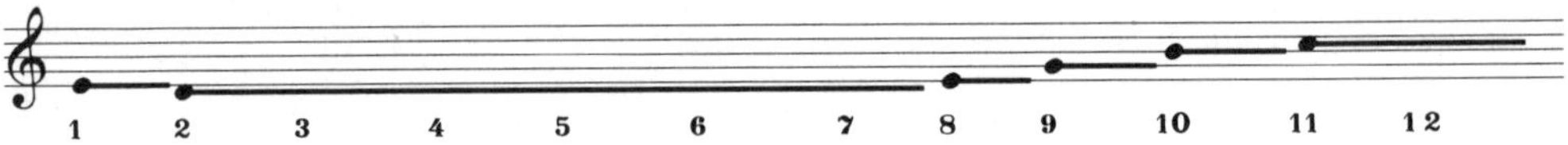

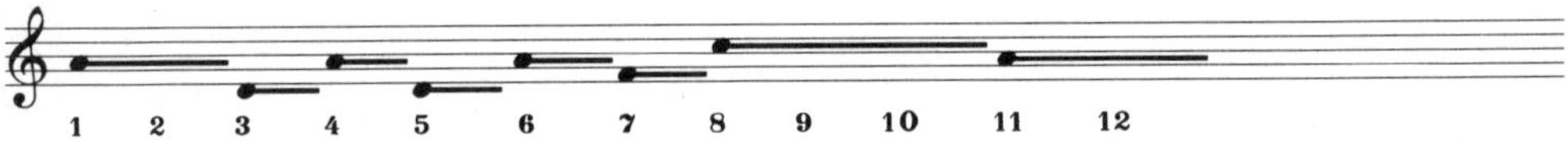

Die Echosänger beider Seiten beschließen vor Beginn, wie lange sie die Töne halten wollen. Offenes "a—" nehmen sie für kräftige Rufertöne, leiseres "ng—" für leisere Töne. Mehr brauchen sie nicht zu üben, aber die Rufer sollten üben. Rufe aussenden und dabei die Uhr drehen, das muß schon ins Gefühl gehen: oben habe ich die Mitte. Gut ist es auch, an die Echosängerzahl beim Rufe-Erfinden zu denken: Vier - tel - kreis - Vier - tel - kreis...

Hat jeder Rufer für sich allein geübt, beginnt aber erst die wichtigste Übung beider Rufer. Denn eine unvorbereitete Aufführung wird doch daraus bestehen, daß jeder Rufer für sich erfindet und erfindet. Hört, wie viel mir einfällt. Und das ergibt ein schlechtes Stück. Das Zuhören und Reagieren muß geübt werden. Haltet es nicht für albern, macht zunächst verbale Proben: Ich sende einen Ruf:

Mein Ruf ist ganz anders.

Ich wiederhole meinen Ruf.

Ich wiederhole meinen Ruf.

Ich wiederhole meinen Ruf.

Ich wiederhole meinen Ruf.

Ich schweige.

Ich wiederhole meinen Ruf lauter.

Ich schweige.
Ich ändere ein klein wenig auf dich zu.
Wunderbar, ich wiederhole deinen letzten Ruf.
Ich übernehme davon die drei letzten Töne.
Auch diese drei Töne, und einen dazu.
Dasselbe, und noch ein Ton dazu.
Ein ganz neuer Ruf von unten nach oben zielend.
Ein langer ruhender Ton.
Ich verändere meinen Ruf ein wenig.
Wieder mein ruhender Ton.
Ich lasse weiter wachsen.
Wieder mein ruhender Ton.
Ich werde übermütig.
Ich schweige.
Ich spiele mit zwei Tönen, deinem Ruheton und einem anderen.
Ich jetzt auch mit deinen beiden Tönen.
Ich auch, aber ruhiger.
Ich auch und noch ruhiger.
Nur noch der zweite Ton sehr lang.
Ebenso.

Mancherlei Ereignisse und Ereignisfolgen fallen einem nämlich am besten im verbalen Benennen ein. Auf ganz anderes gerichtet ist die musikalische Erfindung. Hier kommt mir ein Abschnitt in den Sinn, in dem jeder sich ans Gehörte anschließt, die letzten Töne aufgreifend und fortsetzend. Eine außerordentlich sanfte Klangfläche voller Ruhe kann so entstehen. Speichern im Repertoire der Möglichkeiten ließe sich dergleichen als "Erinnern und Weiterführen". Hätte ich den ganzen Abschnitt aber in Worten notieren sollen, wäre ein Unsinn entstanden, denn ich hätte ja dauernd dasselbe vermerken müssen. "Schluß aufgreifen und etwas Weiterführendes anfügen".

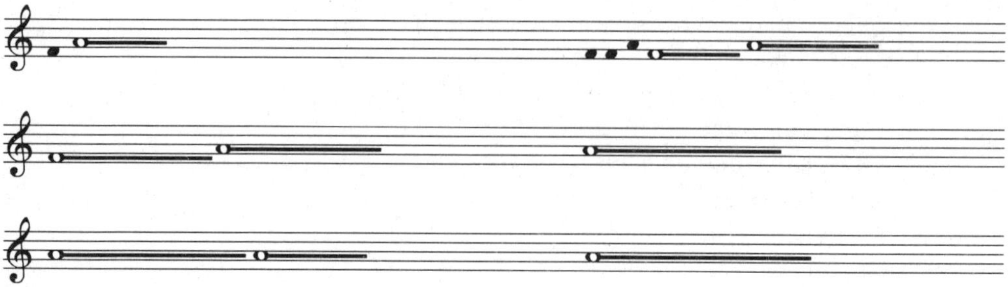

Haus-Musik

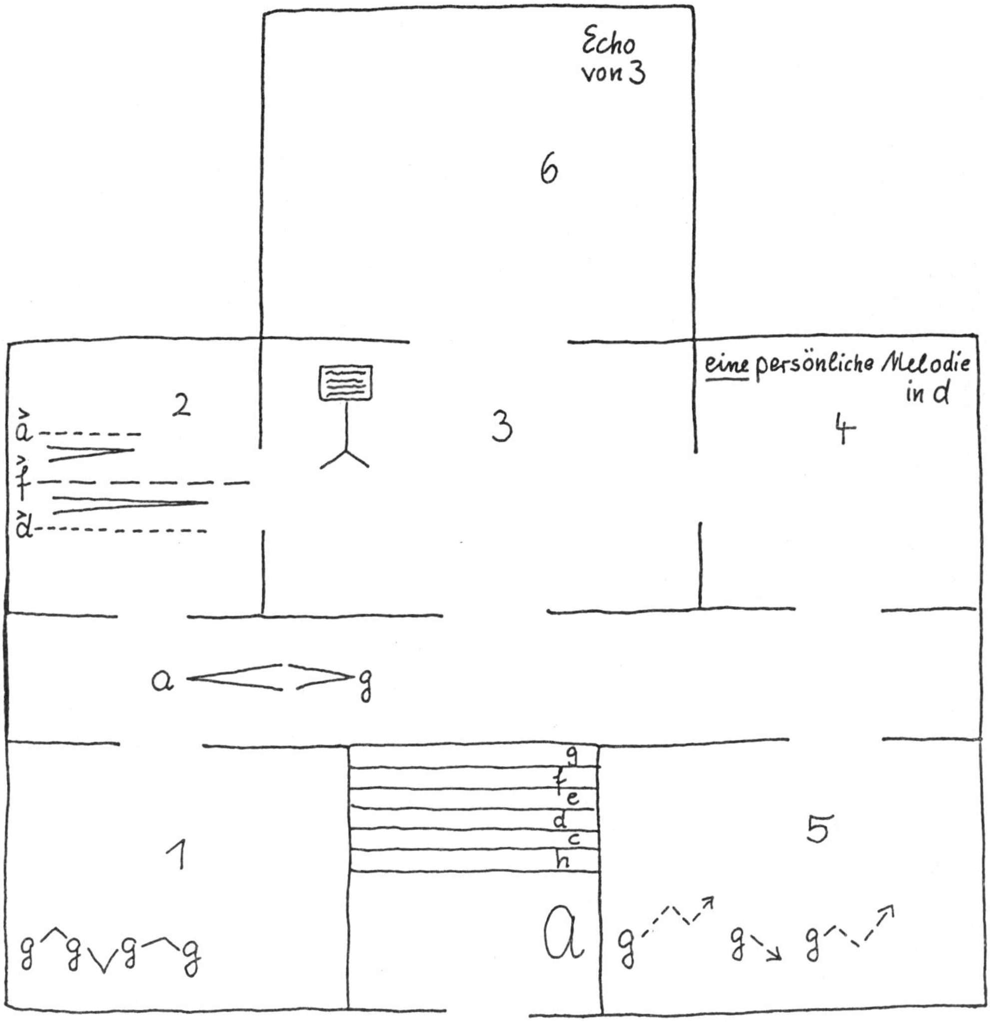

Dieses Phantasiehaus (Schule, Musikschule, Tagungsstätte, Volkshochschule, Galerie...) wollen wir zum Klingen bringen ohne Instrumente. Wir sind 15 bis 30 Personen, und vielleicht sind Zuhörer da, oder wir sind mit unserem Haus allein. Ein einziges Instrument benötigen wir zum Festsetzen und Wiederfinden der Tonhöhen. Im Laufe einer Aufführung, die 20 Minuten oder eine Stunde dauern mag, begibt man sich immer wieder einmal zum Instrument (Glocke, Klangstab...), um originale Tonhöhe abzuholen oder poetisch um "an der Quelle zu trinken".

Es ist Ton *a* am Hauseingang vor der Treppe. Hier also schlägt man das Instrument an, einmal oder mehrere Male wie rufend, und singt ein langgezogenes *a*. Sodann hat jede Treppenstufe ihren Ton, steigende Tonleiter bis zum oberen *a* des Flures. Gehen mehrere langsam kurz hintereinander, entsteht eine dichte Klangwolke. Bei längerem Stehenbleiben können Pausen gemacht werden, jede Bewegung aber muß besungen werden. Mehrere können im Auf und Ab aus Klangwolken auch immer wieder Dreiklänge herstellen, die sich dann wieder vernebeln. Zwei Geher können z. B. dieses Duett aufführen:

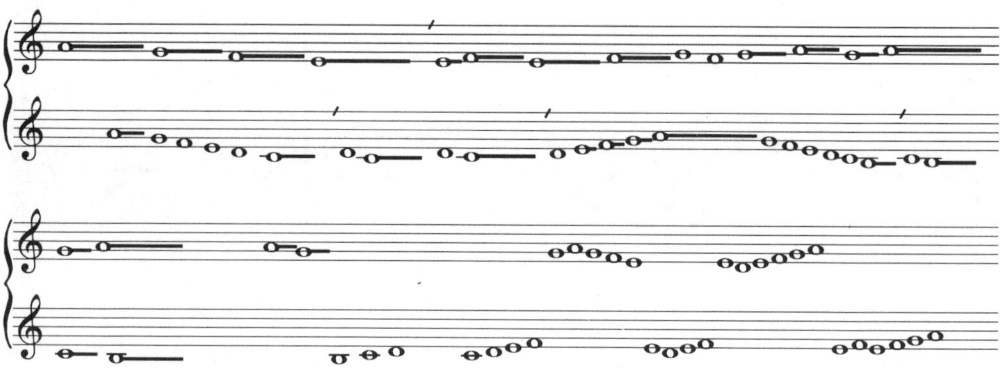

Im Flur langgezogenes oberes *a*, ein schön entfalteter Ton, am Ende im decrescendo kurz *g* angehängt. In Raum 1 und 5 Musizieren um Ton *g*, und zwar in Raum 1 Tonketten, die mit *g* beginnen und nach je einem anderen Ton immer wieder *g* bringen, *g* auch als Endton. Zwei Sänger könnten hier also diesen Wechselgesang hören lassen:

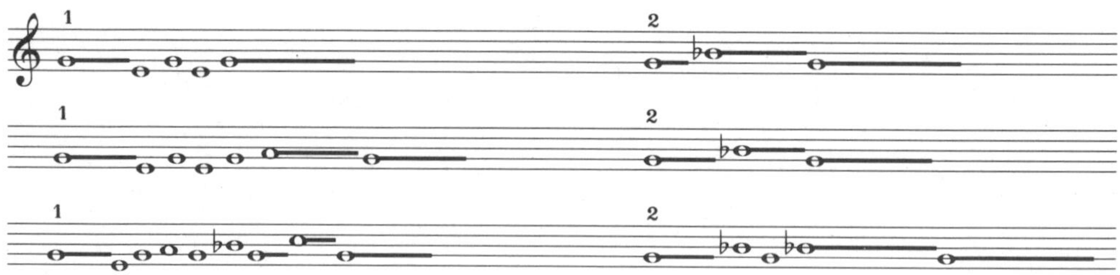

Oder einer singt eine langgezogene Kette, und in seine Pausen hinein singen mehrere kurze lebhafte Gruppen aus drei oder fünf Tönen wie lebhafte Zwischenrufe oder Anfeuerungen. Mehrere können auch mit Blickkontakt gemeinsam singen und immer wieder im selben Augenblick von *g* aus in die Fremde eilen und gleichzeitig zurückkehren... In Raum 5 geht Singen stets von *g* aus, kehrt aber nicht zu *g* zurück. Luftschlangen werden von *g* aus geworfen. Entfernung gradlinig oder zickzack. Rufe, Blitze, heftiger jedenfalls als das ruhige Schwingen von Raum 1.

Wer in Raum 2 singen möchte, stellt sich an die linke Wand auf Platz *d, f* oder *a* und wartet, bis andere auch die beiden übrigen Plätze betreten. Dann gemeinsam einatmen und mit großer Kraft einsetzen. Bei kontinuierlichem decrescendo wiederholt jeder seinen Ton in eigenem Metrum. (Nachatmen.) Nach 20 Sekunden oder zwei Minuten sind alle verklungen. (An der Schnelligkeit seines decrescendo macht jeder deutlich, wie lange sein Ton vernehmbar sein wird.) Bleiben die drei stehen, kann ein weiterer Klang gesetzt werden. In Raum 3 steht auf einem Notenpult die folgende Melodie. Man kann zum Pult treten und eine Phrase der Melodie auswählen und singen, gleichgültig, ob man allein ist oder auch andere soeben diese oder eine andere Phrase singen. Jeder wählt sein eigenes ruhig schwingendes Zeitmaß.

Wer mehrere Phrasen singen will, macht dazwischen Pausen beliebiger Dauer. Man kann zu beliebigen anderen Phrasen springen, kann auch eine immer wieder singen. Wer sich in Raum 6 befindet - vielleicht ist es der Garten -, kann Echos zu Raum 3 singen, also nur singen, wenn dort Phrasen gesungen werden. Der Echosänger greift Zeilenenden auf, so viel ihm in Erinnerung ist, drei bis fünf Töne oder auch mehr.
Bleibt noch Raum 4. Hier kann jeder während einer Aufführung ein einziges Mal eine sehr persönliche Melodie auf Basis d-moll improvisieren. Basis meint, daß durchaus tonartfremde Töne eingebaut werden können, von *f* aus *as,* von *g* aus *fis* usw. Es sollen hier individuelle Akzente gesetzt werden, es soll gleichsam ICH gesungen werden, während sonst WIR im Hause klingt. Besonderes rhythmisches Profil, melodische Eigen-Art. Wenn möglich, dabei aber Geckiges vermeiden. Diese Melodie ist ein prägnanter Ruf oder auch ein längeres Lied, wie es einem einfällt und im Augenblick der Aufführung sinnvoll erscheint.
Wer an derartigen Improvisationskonzerten noch nicht mitgewirkt hat, wird der Gefahr pausenloser Aktivität kaum entgehen. Das Gegenteil muß gelernt werden. Hören und immer hören und daraufhin entscheiden, wann welcher eigene Beitrag gut wäre. Einmal bewegt sich nichts, alle verweilen, wo sie sind, hin und wieder ertönt aus den

Räumen ihr spezielles Klangelement. Dann einmal sind alle unterwegs, *a* im Gang, Treppe auf und ab, die *g*-Pendel in Aktion... Einmal nichts als ein Raum-Gespräch von 1 und 5, einmal nur ein Melodien-Ensemble in 3 mit Echos aus 6... Ein Dreiklangsakzent in die Stille hinein kann aus Raum 2 wie ein Feuerzeug das ganze Haus entzünden usw. In der Art, wie ich hier schildere, mag eine Gruppe verbal Situationen durchspielen. "Einmal während unserer Aufführung sollte..." Irgendwann wird gehörte Treppen-Skalen-Musik zum Hinweis auf mögliches Ende. Nach und nach verlassen die Sänger die Räume, verabschieden sich singend, kommen mit langem *a* durch den Gang und die Treppe herunter, einer nach dem anderen unten verstummend, oder eine größere Gruppe macht ihr Finale auf der Treppe, und dann finden alle zum tiefen *a* herunter und verstummen nacheinander.
Man mag zur leichteren Orientierung in jedem Raum eine Tafel anbringen mit Darstellung des hier gegebenen Materials. In Raum 2 bezeichnet man die drei Sängerplätze, und auf der Treppe erhält jede Stufe ein Schild mit ihrem Ton.

Chorimprovisation

Chormusik ohne Noten, jeder singt seine eigene Stimme, zehn- oder zwanzigstimmiger Chor, je nachdem, wie viele wir sind. Hier die Spielregeln: Im Kreis setzen, damit jeder jeden sehen und hören kann. Einer ist (und das wechselt natürlich) der Spielführer, der die Taktart vorgibt sowie den Grundton und der das Geschehen leitet durch Anzeigen von Tonika, Dominante und Subdominante. Er zeigt mit der rechten Hand ein rhythmisches Grundmuster (das nun nicht dauernd gesungen werden muß, das aber der Phantasie den Einstieg gibt), und zwar zwei Takte lang; zu beiden singt er den Tonikaton, z. B.:

Nach diesen zwei Wegweisertakten setzt der Chor ein, erster Takt Tonika. Eine schöne Möglichkeit ist auch, daß die Sänger nach und nach einsetzen und sich ein Chorklang erst langsam aufbaut. Als Spielregel gilt, daß die Harmonien nur zu Taktbeginn wechseln können. Beide Arme hat der Spielführer jetzt frei, denn im weiteren Verlauf hält sich die Gruppe selbst im Tempo durch Blickkontakt. Hebt der Spielleiter die linke Hand (unbedingt bald nach einer Takt-Eins, damit die Sänger Zeit haben, sich einzurichten) bedeutet das "nächster Takt Subdominante", die rechte Hand zeigt Dominante an. Beide Hände zusammenführen und aufeinanderlegen bedeutet Tonika. Bei einem schlechten Führer, der die Harmonien zu spät zeigt (sie sich selbst zu spät ausdenkt), müssen die ahnungslosen Sänger die Harmonien bis zum Taktstrich festhalten, während ein früheres Zeichen es ihnen ermöglicht, die neuen Harmonien auch anzusteuern:

Anfänger werden dauernd neue Harmonien geben, aber Musik kann sich auch schön entfalten über T T T T, T T T D oder über T S S T, D D D T usw. Nur eines ist zu bedenken: Soll eine neue Harmonie nur einen Takt dauern oder zwei Takte, so ist alles möglich, T T S S ebenso wie T S S T. Schlecht aber klingen dreitaktige Gruppen, die in einem Viertakter auf dem zweiten Takt beginnen. Schlecht also
T D D D oder S T T T..Aber das gilt natürlich nur, wenn der Chor in Viertaktgruppen denkt. Kommt das Singen dagegen ins Offene (und noch ein Takt und noch ein Takt und ...), gibt es solche übergeordneten metrischen Probleme nicht. Dann geht alles. Mit dem Kopf würde ich als Spielleiter zu Beginn alle vier Takte eine Art Einsatzzeichen geben, auch deutlich atmen, während im Laufe der Entfaltung ein "immer weiter und..." suggeriert werden mag. Oder die Gruppe hat etwas ganz in sich Ruhendes im Sinn und bleibt in behüteten 4-Takt- oder gar 2-Taktgruppen. Senkt der Spielleiter den Kopf wie sich bedankend, zeigt er damit den Schluß an.
Eines müssen die Sänger bedenken: Singt einer allein zu stehenden Harmonien, so geht alles. Bei größerer Besetzung aber sollten die schweren Taktzeiten Harmonietöne bringen. Nicht gut wäre also

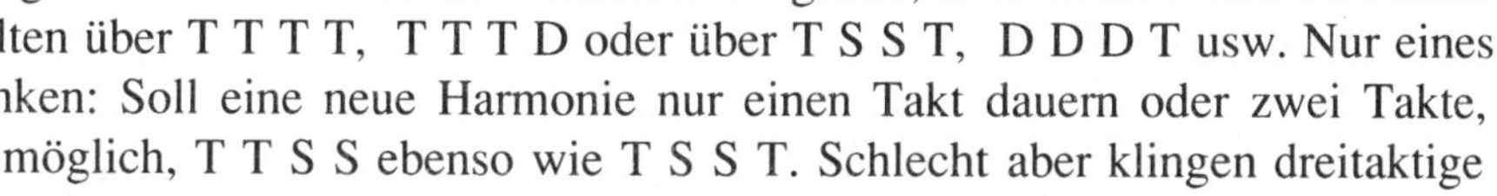

denn man stelle sich vor, ein anderer sänge korrekte Durchgänge, und es käme dieses grausliche Duett zustande:

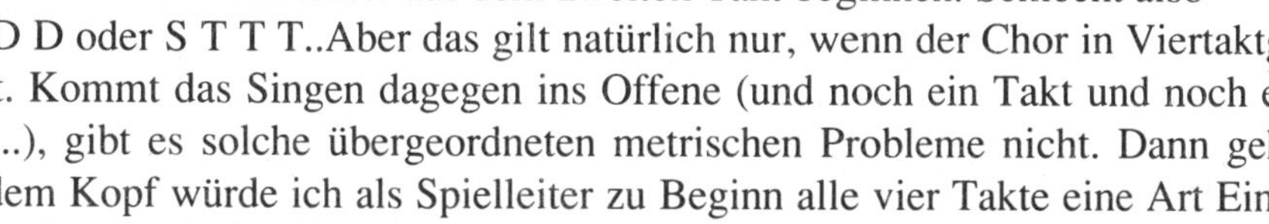

Durchgänge also auf leichter Zeit.

Mindestens einen klugen Baßsänger brauchen wir, damit die Harmonien mit den Beinen auf der Erde stehen. Dämlich wäre es doch, in C-dur diese Baßstimme zu hören:

Jetzt gibt es noch Soli mit Summchorbegleitung. Wer in der Runde Lust auf ein Solo hat, steht an geeigneter Stelle der musikalischen Entwicklung auf. (Kurz nach einer Takt-Eins, so daß alle sich einrichten können vor dem nächsten Takt.) Nun schaltet das ganze Ensemble auf Piano und auf Summen und beschränkt sich mit gehaltenen Akkordtönen. Dann kann der Solist natürlich alle Register ziehen, darf auch die vorher verbotenen schweren Durchgänge singen. Beim "einer gegen alle" klingen sie ja gut und expressiv. Vielleicht steht dann ein zweiter auf: Solist Nr. 1 mag sich vertreiben lassen und sich setzen und dem Summchor einfügen. Oder er singt weiter, und man hört Duett gegen Summchor. (Sogleich wieder Vorsicht vor schweren Durchgängen!) Reizvoll auch dieses: Einer kündigt sich als Solist an, singt stolze vier oder gar nur zwei Takte und setzt sich. Vielleicht animiert das zu weiteren kurzen Solorufen. Und wenn nach Ende eines Rufes die Runde beim Summen bleibt, spürt man die Aufforderung zu weiteren Soli.

Schön, wenn das Harmonienzeigen mit unauffälligen Handzeichen geschehen kann. Zuhörer werden dann meinen, hier werde auswendig konzertiert. Der Spielführer schaut bei einem Phrasenende seinem linken Nachbarn so rechtzeitig ins Auge, daß dieser vom nächsten Takt an die Führung übernehmen kann. Aber kein Zwang zur vollen Dirigentenrunde: Wer führt, ist verantwortlich dafür zu entscheiden, ob das Musizieren noch trägt. Jeder Spielführer kann also durch dankendes Kopfsenken das Singen beenden. Vielleicht hat man ja noch Lust auf ein neues Stück in anderem Tempo und anderem Taktmodell?

Eine schöne Möglichkeit auch, daß einzelne Sänger nach und nach aussetzen und sich der Klang verdünnt. Entweder wächst der Klang nach einiger Zeit wieder an, oder es bereitet sich ein sanft verklingender Schluß vor.

Spinnstube

Viele Spinnerinnen und Spinner sitzen beieinander und spinnen vor sich hin, jedes Spinnrad dreht sich regelmäßig, aber jedes in eigenem Tempo. Emsige Tätigkeit, aber große Ruhe zugleich. Das führen wir musikalisch auf. Es liegen die Blätter oder Tafeln bereit mit den Tonnamen *c d e f g a b h c'*. Sie können einzeln mit einer Bewegung sichtbar gemacht und wieder abgenommen werden. Notenständer? Oder man kann sie aufstellen und wieder hinlegen, unsichtbar machen. Der Spielleiter eröffnet, indem er *c* singt oder auf einem Instrument spielt. Er macht eine oder mehrere Tontafeln sichtbar, bringt sie aus dem Passiv- in den Aktivbereich. Jeder Spinner nimmt nun den Ton oder die Töne in ein festes eigenes Wiederholungsmodell, das er auf beliebigem Vokal singt. Dabei wählt jeder einen eigenen beat, den er bis zum Ende einer Aufführung beibehält. Wird nur *g* präsentiert, hört man etwa

Werden *a* und *c'* angeboten, hört man vielleicht

Behalten die Spinner auch ihren beat bei: Die Länge ihres Wiederholungsmodells, ihres Taktes werden sie ändern müssen, beispielsweise wenn einmal sehr viele Töne angeboten sind. Sie lassen sich ja in einem kurzen Takt gar nicht unterbringen. Kommt ein Ton hinzu oder geht einer weg, werden sich die Spinner sogleich umstellen können. Schwieriger wird es, wenn die Änderung zu einschneidend ist. Aber das läßt sich ja auch gar nicht realisieren: Man kann nicht im Augenblick drei Tafeln wegnehmen und vier neue aufstellen, ein Loch würde entstehen. Also ergibt sich zwangsläufig ein Musizieren sanfter Übergänge. Diese Tonraumentwicklung könnte angeboten werden, ein Auf- und Abbau in mehreren Wellen, der nicht wieder zur Ausgangssituation zurückkehrt:

Die meisten Änderungen betreffen hier nur einen Ton, der hinzukommt oder weggenommen oder geändert wird. Nur selten wurden zwei Töne zugleich hinzugenommen. So wird es den Spinnern leichter fallen, das der jeweils neuen Situation entsprechende Wiederholungsmodell zu erfinden. Bei schwierigen Tongruppen kann es eine Hilfe sein, die Töne einfach der Reihe nach auf- oder absteigend ins Modell zu nehmen, und das ist auch gar nicht schlecht. Es bringt gleichsam etwas Motivisches ins Spiel, ein persönliches Kennzeichen eines Spinners.

Unterschiedliche Satzdichtegrade sind möglich und sollen als Gestaltungsmittel bewußt eingesetzt werden. Zuhören, was die anderen machen! Auf einmal vermehren sich überall die Pausen, der Satz wird löchrig, einmal musizieren alle pausen- und atemlos, festere Fäden werden gesponnen. Hier zwei gegensätzliche Situationen:

Es liegt nahe, daß die Gruppe die zweite Situation noch durch crescendo unterstreicht: An die Arbeit, ihr Spinner, bis zum Abend müssen wir fertig werden...

Aufführungsdauer? Musik dieser Art braucht schon eine gewisse Breite, “lange Weile”. Man muß sich einhören können in ein Spinnen, bei dem momentane Ereignisse sehr gering sind. Klingende Versenkung eher als “Mensch, spannend, erzähl doch schnell weiter”.

Möglicher Zusatz: Man könnte organisieren, welche Sprachlaute angeboten werden. Vielleicht durch weitere Tafeln anderer Farbe. Anfang mit U, dann U + A, U + O + A, O + A + E, A + E, Ü + E, Ü + I + E...

Das Angebot würde heißen: Nur diese stehen zur Verfügung, du mußt sie aber nicht alle in deinem Modell unterbringen.

Variante:
Wer als erster einsetzt, legt den beat für die gesamte Aufführung fest. Ein viel strafferes Musizieren ergibt sich. Die Schwierigkeit fällt weg, sich in seinem eigenen beat zu behaupten und dennoch zuzuhören.

Und nun eine *Variante der Variante:*
Man vereinbart zwei Kommandotafeln, etwa  und . Die erste meint "aus gemeinsamem beat langsam entfernen und einen eigenen beat finden und diesen dann beibehalten". Die zweite meint das Gegenteil: "Allmählich auf die anderen zugehen und einen gemeinsamen beat aufbauen". Letzteres ist schwer. Es kann als "Hauptnenner" ein beat zustandekommen, den gar keiner hatte, der aber die Mitte von allen ist. Es müssen alle Spieler gleich tolerant und beweglich sein, es geht ja nicht darum, daß der Starrkopf siegt. (Bei "Entfernen" nicht alle sehr weit!) Möglich, daß einmal für sehr lange Zeit der Tonvorrat unverändert bleibt, aber der beat gerät in Bewegung, auseinander, wieder zusammen - und kurz bevor sie sich gefunden haben, wieder das Kommando für Trennung, endliche Heimkehr - und nun auch wieder Leben im Tonbereich...

Eine andere Variante:
Mit den jeweils durch die Tafeln gebotenen Tönen darf jeder in seinem Spinntempo und -takt frei improvisieren, darf sich also auch, wenn einmal fünf Töne angeboten sind, für eine Weile auf nur zwei Töne beschränken und dann wieder die anderen Töne einbeziehen. Man probiere aus, ob diese Freiheit reizvoller ist oder doch gerade die Magie des gleichbleibenden Schnurrens der großen, mittleren und kleinen Spinnräder.